食物アレルギーをこわがらない！
はじめての離乳食

卵・牛乳・小麦など
"はじめのひと口"完全ガイド

はじめに

お母さんにとって、はじめての離乳食は
ただでさえ戸惑うことが多いもの。

さらに「赤ちゃんに食物アレルギーが多い」ことや、
「食物アレルギーになった」という子の話を聞くと
食べさせることが不安になってしまいますね。
そして、「心配だから卵をあげない」
「たんぱく質源食品をあげるのを遅らせる」
というお母さんも多いのが現状です。

赤ちゃんはやがて母乳を離れて
食べ物からいろいろな栄養を吸収して成長します。
症状が出るかどうかもわからないのに

卵や牛乳、肉、魚、豆腐などの栄養価の高い食品を
思い込みで除去してしまうのはとても残念なこと。

この本では、アレルギー専門医と、乳幼児の食の専門家が
お母さんたちの不安とカン違いを解消してくれます。
食物アレルギーをこわがらずに、
離乳食を安心して進める
お手伝いができればうれしく思います。

大変なこともたくさんありますが
振り返れば、あっという間の離乳食時代。
日々成長していく赤ちゃんと
「今しかできない経験」をどうぞ楽しんでください。

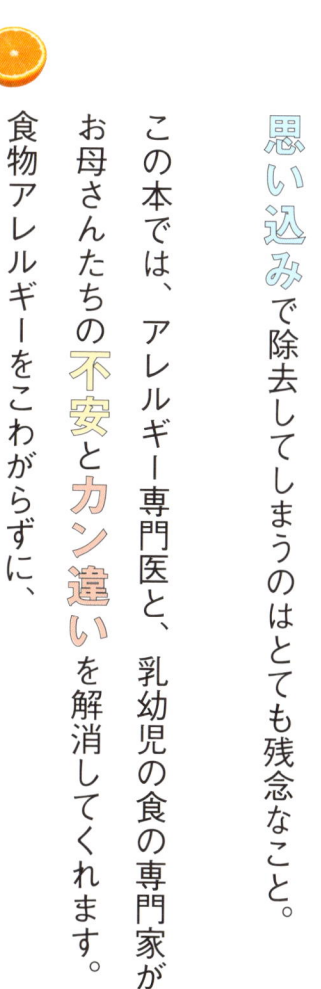

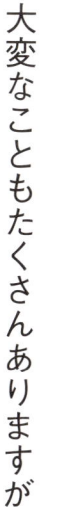

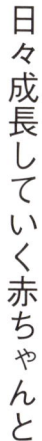

もくじ

Part1

「正しい知識」を持っていよう

赤ちゃんの食物アレルギー

- 卵を食べるから食物アレルギーになると思うのはカン違いです……8
- 乳幼児で命にかかわることは極めてまれ。少し、肩の力を抜いてみませんか……10
- 赤ちゃんの原因で多いのは、卵・乳・小麦。でも、9割は小学生までに治ります……12
- アレルギーの子に湿疹は多いけれど「湿疹＝アレルギー体質」ではない……16
- アレルギーを悪化させないために湿疹を治すことが大切です……18
- 基本のスキンケア ①肌を清潔にする ②肌を保湿する……20
- 赤ちゃんの湿疹・アトピーによく処方される薬……21
- 湿疹 うちの子の場合……22

伊藤先生教えて！ 食物アレルギーQ＆A……24

Part2

「たんぱく質」をちゃんと食べる

離乳食のはじめ方・進め方

- アレルギーの有無にかかわらず離乳食は5～6カ月ではじめてください……30
- 最初の1カ月は慣らし期間。おかゆからゆっくり進めます……32

● 離乳食のステップアップ目安表……34
● 赤ちゃんの消化能力やかむ力に合わせて、ルールを守って進めます……36
● たんぱく質はすべての食品に含まれ、アレルゲンになる可能性があります……38
● たんぱく質はアミノ酸の集合体。分解されるほどアレルゲンになりにくい……40
● たんぱく質は体をつくる大切な栄養素。成長期には欠かせません……42
離乳食にとり入れたいおすすめ食品　時期別早見表……44

食品別のはじめ方・進め方／食べていいもの悪いもの

◆ 卵・卵製品……46
◆ 牛乳・乳製品……54
◆ 小麦・小麦製品……64
◆ 魚・魚加工品……74
魚卵……81
甲殻類・軟体類・貝類……82
◆ 肉・肉加工品……84
◆ 大豆・大豆製品……90
ほかの豆類……96

● 赤ちゃんが食べてはいけない・注意したい食品……97
● 離乳食の「調味料の目安」「油脂の目安」……100
● 幼児食は離乳食の延長です。
除去食でも「食べられるだけ食べる」……102
上田先生教えて！ 離乳食Q＆A……104

Part3

「あわてない」ために知っておきたい

赤ちゃんの診断と治療

● アレルゲンは血液に入って全身に運ばれるためさまざまな症状が起こります……110
● 「食物アレルギーかも？」と思ったら、病院で診察を受けましょう……112
● 検査で「陽性」と反応が出ても食べて症状が出ないことも多いです……114
● 食べられるようになっていないか病院で定期的に確認しましょう……116
● 食物アレルギー びっくり！ 体験記……118
● 食物アレルギーの子の成長インタビュー◯ほりえさわこ先生 長女・萌江ちゃん……120
「卵を食べられなくても大丈夫！ 楽しい食卓が心と体を育てます」

伊藤先生、教えて！ ～さわこ先生から質問～……126

Part 1

「正しい知識」を持っていよう

赤ちゃんの食物アレルギー

「食物アレルギーって赤ちゃんに多いみたい」

「うちの子もなったらどうしよう！」

多くの人が、そう思っていますね。

でも、赤ちゃんの食物アレルギーの多くは、自然に治っていきます。

離乳食を始める前には、湿疹を治すことが重要と知っていますか？

まずは、漠然とした不安を抱えているお母さんたちに
食物アレルギーの正しい知識を持ってほしいと思います。

卵を食べるから食物アレルギーになると思うのはカン違いです

抗体は食べる前にできてしまう

赤ちゃんがはじめて食べたもので「じんま疹が出た！」というとき、お母さんはその瞬間に「食物アレルギーになった」と思ってしまいますね。でも、それは違うんです。そもそも、「食物アレルギーになる」とはどういうことか、ここで整理して考えてみましょう。

ウイルスや細菌などの異物が入ってきたときに、私たちの体では「抗体」がつくられ、これらの外敵をやっつけようとする「免疫」という仕組みが働きます。ところが、この免疫の仕組みが、食べ物や花粉など、私たちの体に害を与えない物質に対しても「有害だからやっつけろ！」と過剰に反応し、攻撃してしまうことがあります。これが「アレルギー」です。

アレルギーの原因となる物質を「アレルゲン」といいます。食べ物以外にも、花粉、ダニ、ハウスダストなど、身のまわりには多くのアレルゲンがありますね。なかでも、卵、牛乳、小麦などの食べ物のたんぱく質がアレルゲンとなる場合を、「食物アレルギー」といいます。

実は、食べ物のアレルゲンは、空気中にもあるんですよ。ふつうに卵料理を食べている家庭なら、食卓まわりのホコリを検知キットで計測すれば、高濃度の卵アレルゲンが出てきます。アレルゲンは口、鼻、目、皮膚など

ココが間違えやすい！

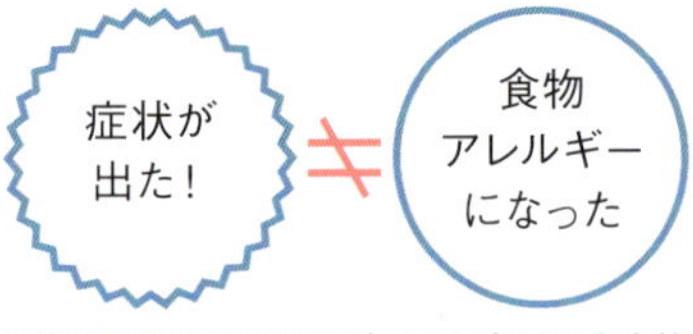

IgE抗体ができていれば、いつ食べても症状は出る。食べて症状が出た瞬間に「食物アレルギーになってしまった」と思うのは間違い。

から体に入ってきて、これをやっつけようと「IgE抗体」がつくられます。そしてはじめて卵を食べたとき、IgE抗体にアレルゲンが結合すると、アレルギー症状が引き起こされます。つまり、抗体ができてしまうことが先にあって、食べたら症状が出た、ということなのです。

できることは、少量から食べること

卵アレルギーの子は、卵のアレルゲンに反応するIgE抗体を、小麦アレルギーであれば、小麦に反応するIgE抗体を持っています。どの食品に反応するIgE抗体がつくられるか、また、IgE抗体がどれくらいつくられやすい（アレルギーになりやすい）体質かは、遺伝や環境によって違うので、予測がつきません。

そのため、離乳食で気をつけることは、「いきなり大量に食べない」ということです。「あれ、口のまわりが急に赤くなった」という程度の、軽い症状で気づいてほしい。そのために、はじめて食べるものは「少量から慎重にはじめましょう」と指導されているのです。

感作の成立後、発症する

アレルゲンに反応するリンパ球の働きによってIgE抗体がつくられ、マスト細胞の表面に結合します。この状態を「感作」といいます。

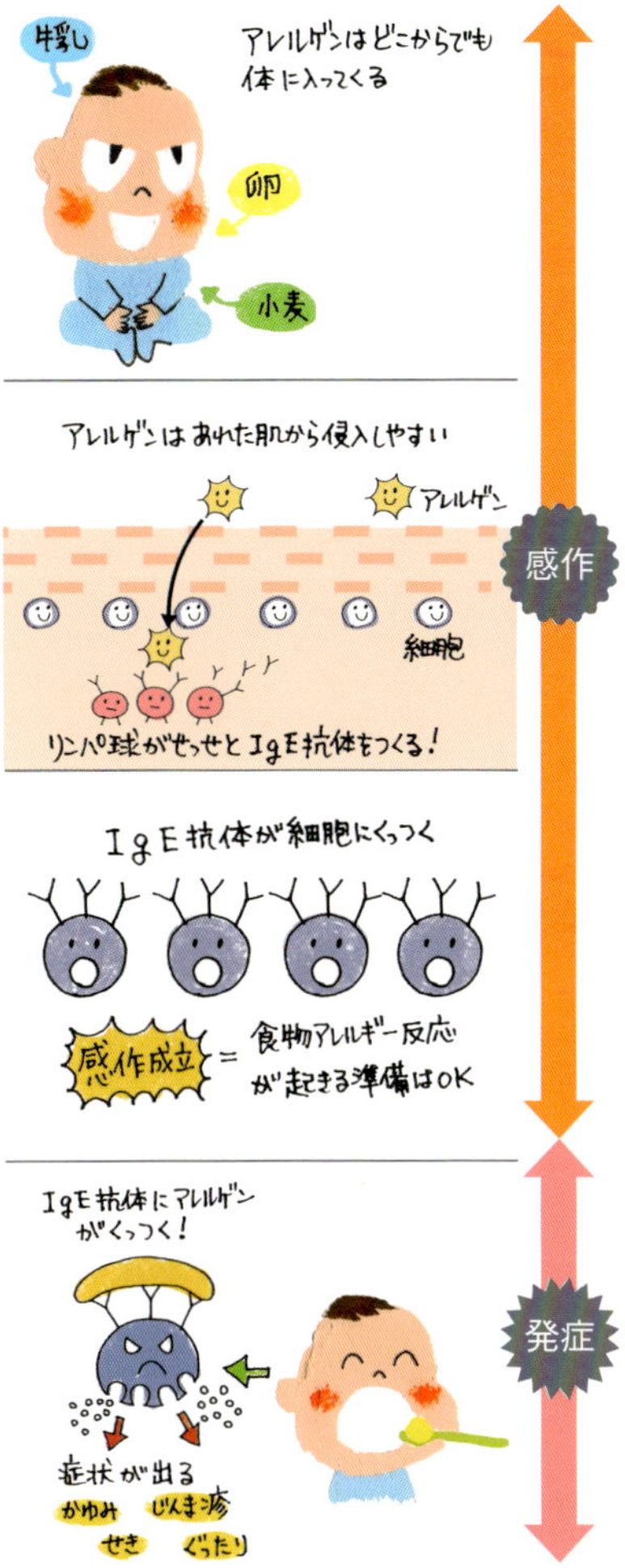

感作の成立後、同じ食べ物を口にすると、アレルゲンがIgE抗体に結合してマスト細胞を活性化させ、アレルギー症状が引き起こされます。

乳幼児で命にかかわることは極めてまれ。少し、肩の力を抜いてみませんか

必要以上にこわがらなくて大丈夫

「食物アレルギーってこわい！　赤ちゃんが死んでしまうこともあるのでは」と思っているお母さんが多いようです。激しいアレルギー症状が出て命にかかわることもある、「アナフィラキシーショック」という言葉を耳にすることがあるからでしょう。

アナフィラキシーショックの原因になるのは、食べ物が最も多く、次にハチなどの昆虫、医薬品の順です。けれども、この10年ほどの厚生労働省の統計を見ると、年間の死亡者数はハチに刺されて約20人、医薬品で約30人、食べ物ではせいぜい5人ほどにすぎません。それも、ほ

教えて！ アナフィラキシーショックってなあに？

皮膚や呼吸器、消化器など、複数の臓器の症状が、短時間で全身に起きることをアナフィラキシーといいます。これによって、さらに血圧の低下や意識を失うなどの状態になってしまうと、「アナフィラキシーショック」と呼ばれ、場合によっては命の危険も。救急車を呼ぶなど、早急に対応する必要があります。

0才の事故死の83%が窒息死

1~4才の事故死の29%が交通事故死

※厚生労働省　平成25年人口動態統計より

SIDS（乳幼児突然死症候群）の死亡者数1万4700人

※厚生労働省　平成26年人口動態統計より

とんどが大人ですし、子どもの場合は食物アレルギーの超重症の子が、給食などの完全な取り違えで「アレルゲンの入っているものを大量に食べてしまった」というケースです。離乳食を食べている赤ちゃんの死亡例は、過去にほとんど例がないと思います。

むしろ乳幼児期は、食べ物をのどに詰まらせた窒息事故死や、交通事故死のほうが圧倒的に多い。そう考えると、交差点を渡るほうが、よっぽど危ないといえるかもしれないですよ。

楽しみながらトライしてみよう！

赤ちゃんにとっては、すべての食べ物が「はじめての経験」。乳児期から幼児期は、母乳の栄養から離れて、自分で食べる習慣を身につける自立への大切な時期です。さまざまな食べ物を経験することは、栄養をとる目的はもちろん、味覚を広げ、そしゃく力や食べる意欲、つまりは生きる力そのものを育てていきます。

ですから、食べ物を自己判断で制限せずに、離乳食を進めていきましょう。たとえ何らかの食物アレルギーだったとしても、なるべく大きな症状が出ないように、この本では少量から進めるやり方を紹介しています。どうか肩の力を抜いて、トライしてください。

実際に、食物アレルギーと診断されても、案外、アバウトなお母さんのほうがじょうずに対処していることがあります。間違って口にしてしまっても、「じんま疹くらいなら薬を飲めばいいでしょ」と思えるほうが、早く治ることがあるんですよ。だから、お母さんはおおらかに！　笑顔で赤ちゃんとの「食」を楽しんでくださいね。

赤ちゃんの原因で多いのは卵乳小麦。でも、9割は小学生までに治ります

0才児の原因はほぼ3大アレルゲン

典型的な食物アレルギーの症状は、「即時型」といわれ、アレルゲンを食べてから15分以内、遅くとも2時間以内に発症します。

原因となる食べ物はさまざまですが、乳児期には卵、牛乳、小麦が断トツに多くなっています。0才児では発症する割合の約9割、1才児では約7割を、この3大アレルゲンが占めています。幼児期になると、ピーナッツ、そば、えび、かに、果物がふえてきます。これらは、離乳食では食べなかったけれど、幼児期になってはじめて食べたということでしょう。

学童期から大人にかけては、卵、牛乳は減り、えび、かに、そばが原因になることが多くなります。また、花

食物アレルギーのある乳児は5～10%

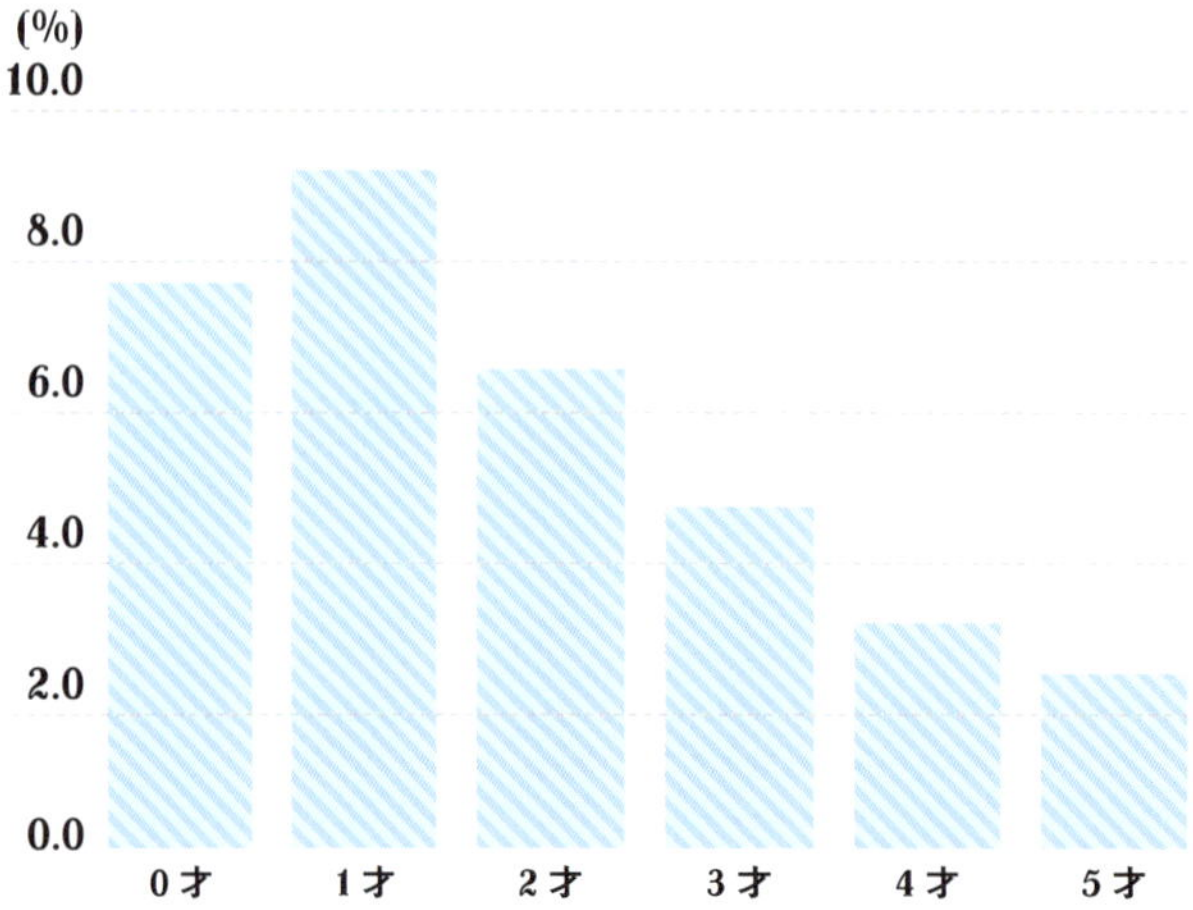

保育所の調査では、食物アレルギーの割合は0才で7.7%、1才で9.2%。ただし、0才児では確定診断に至っていないこともあるため、実態としては1才児より多いと推定される。

※平成21年　日本保育園保健協議会が実施した、保育所における食物アレルギーに関する全国調査より

粉に含まれるたんぱく質の一部と、果物や野菜に含まれるたんぱく質の構造が似ているために、花粉症を持つ人が野菜や果物を食べることで症状が出る「口腔アレルギー症候群」もふえています。

消化機能が未熟な赤ちゃん時代に多い

食物アレルギーは赤ちゃんに最も多く見られ、10人に1人いるといわれています。ではなぜ、赤ちゃんは食物アレルギーになりやすいのでしょうか。

アレルゲンになるのは、食べ物に含まれるたんぱく質です。たんぱく質は、大人であれば消化により、ペプチドからアミノ酸にまで小さく分解されます（P.41参照）。一部は未消化でも、アレルギー反応が起きないように免疫が調整されているので、「これは大切な栄養。じゃまものではありませんよ」と判断することができます。

ところが、赤ちゃんは消化機能が未熟なので、たんぱく質が大きいまま吸収されて「異物」と判断されてしまうことがあります。また、免疫の調整作用も弱いので、アレルギー反応が引き起こされやすいのです。

原因として多い食べ物は年齢によって異なる

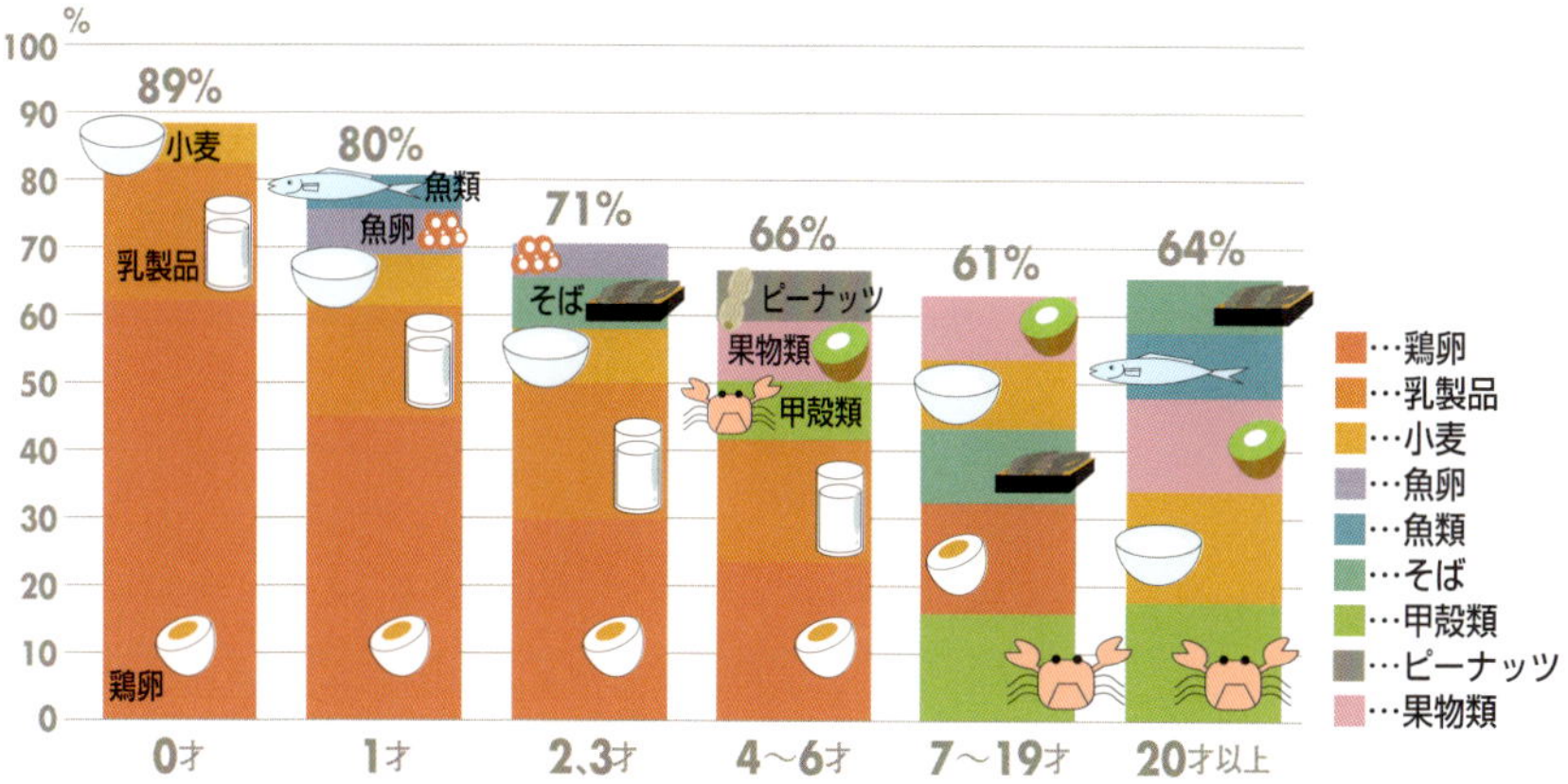

上記は原因となる食べ物の変化をグラフ化したもの。乳幼児期の食物アレルギーは卵・牛乳・小麦が多く、これらは食べられるようになっていく一方、魚卵、ピーナッツ、えび、かに、果物など、新たな食べ物が原因になることが。

※平成13～14年度　厚生労働科学研究による即時型食物アレルギー全国調査
各年齢群において５％以上占めるものを記載している。

1才半ごろから食べられる子がふえる

　赤ちゃん時代の食物アレルギーの多くは、消化機能や免疫の調整が未熟なために起きているので、成長とともに改善していきます。たんぱく質を消化吸収する能力がアップしていき、食べ物に体が慣れ、免疫力もついてくるので「これはじゃまものではなく、大切な栄養」と受け入れられるようになります。

　ですから、もし食べ物でアレルギー症状が出て、「〇〇のアレルギーです」と診断されても、あまり落ち込まないでくださいね。医師の診断で卵や牛乳を除去することになると、離乳食作りはちょっと手間がかかるかもしれません。でも、多くの場合は1才半ごろから少しずつ食べられるようになります。

　食物アレルギーの経過にはさまざまな報告がありますが、赤ちゃんに多い卵、牛乳、小麦などでは、おおよそ3才までに50％、6才までに80～90％が耐性を獲得する（ふつうに食べられるようになる）といわれています。

　子どもが食物アレルギーになると、お母さんはたいて

乳児～学童期までの食物アレルギーの見通し

0～2カ月

すでに湿疹がある子も

皮脂の分泌の多い新生児期には、黄色いかさぶたのような「脂漏性湿疹」がよく見られる。アレルギーによる湿疹と見分けにくいことも。

3～4カ月

このころ検査をすることもある

炎症やかゆみが強く、体や手足に広がる湿疹を繰り返す場合、アレルギーが疑われる。重症の場合は、早めに検査をすることも。

5～6カ月

離乳食スタート！

湿疹があってアレルギーを疑っている場合、一般的に検査をするのは6カ月ごろ。湿疹の有無にかかわらず、離乳食はスタートさせて。

7～11カ月

はじめてのたんぱく質で発症することも

すでに医師に相談してアレルゲンを除去している子がいる一方、はじめてのたんぱく質で症状が出て食物アレルギーに気づくケースも。

い、「私がアレルギー体質だから遺伝したのでは」などと自分を責めてしまいます。確かに遺伝も影響しますが、花粉症が急増している現在、「アレルギーらしい病気を持った家族は全くいません」という子どものほうが少ないです。ですから、「食物アレルギーは誰にでもありえること」といわれています。

赤ちゃんのときに発症した食物アレルギーは、自然に治っていくことが期待できますから、気持ちをラクにしてじょうずにつきあっていきましょう。

学童期まで治りにくいのはわずか

赤ちゃん時代の食物アレルギーは、アトピー性皮膚炎を合併していることが多いのも特徴です。ひどいアトピー性皮膚炎の赤ちゃんでは、離乳食が始まる前から、卵、牛乳、小麦などに対するIgE抗体をすでに持っていることもめずらしくありません。

いくつもの食品に対してアレルギーがあると、学童期になっても治りにくい傾向がありますが、いずれにせよ、〝食べられる範囲〟は成長とともにふえていきます。

1才ごろには食べることにも慣れ、胃や腸などの消化器官も発達。卵を除去している子も、1才ごろから少しずつ食べはじめることが多い。

離乳食から幼児食へと進め、3才ごろにはさまざまな消化酵素の分泌が大人に近づく。除去していた食べ物も半数が食べられるように。

アレルゲンを「食べられる量だけ食べる」治療を続けていき、多くの子が目標量に達し、ふつうに食べられるようになる（解除）。

小学生になっても、除去食が必要な子はクラスに1人くらいはいる。給食をふつうに食べるには、卵1個、牛乳200㎖以上が目標量。

アレルギーの子に湿疹は多いけれど「湿疹＝アレルギー体質」ではない

湿疹のある赤ちゃんが7割以上

最近では、湿疹のある肌からアレルゲンが侵入することが、食物アレルギーの要因と考えられています。

8ページでも解説したように、食べ物のアレルゲンは空気中に浮遊しています。肌があれていてバリア機能が壊れている状態だと、アレルゲンが体に入ってきてしまい、IgE抗体がつくられてしまうのです。

食物アレルギーと診断された赤ちゃんのうち、「湿疹（アトピー性皮膚炎を含む）がある」または「以前にあった」という割合は、7割以上を占めています。湿疹からアレルギーを疑い、離乳食開始前に検査をすることも多いです。湿疹はなかったけれど、はじめて食べていきなり発症する、というケースは4人に1人くらいです。

赤ちゃんの肌ってこんなにデリケート！

弱くて傷つきやすい
表皮の角層がはがれやすく、バリア機能が未熟。

薄くて刺激を受けやすい
赤ちゃんの皮膚は大人の半分ほどの厚さしかない。

汗っかきで汚れやすい
汗腺（汗の出口）は大人と同じ数あり、汗っかき。

肌の弱さとアレルギー体質は別もの

ただ、湿疹があるから、アレルギー体質というわけではありません。湿疹ができるのは、赤ちゃんの肌の弱さによるもの。赤ちゃんの肌はもともと皮脂の分泌が少なく、乾燥肌の子が3～4割はいるといわれています。

乾燥肌でカサカサしていても、アレルギー体質が全くない（体質的にＩｇＥ抗体がつくられにくい）赤ちゃんだったら、アトピー性皮膚炎や食物アレルギーにはなりません（下の表のＣのタイプ）。保湿をしっかりしていけば、成長とともに皮脂の分泌量もふえ、小学生になるまでには治っていくでしょう。このタイプで、カン違いして除去食をするのは意味がありません。

逆に、アレルギー体質だけ強く、肌はもともと丈夫というタイプは、一時的に炎症が起きてもアレルゲンを除去すれば、肌はきれいになります（Ｂのタイプ）。

アレルギー体質と肌の弱さを両方持っている赤ちゃんは、アトピー性皮膚炎や食物アレルギーになる可能性が高くなる、といえます（Ａのタイプ）。

肌とアレルギーの関係には4つのタイプがあります

	アレルギー体質ではない	アレルギー体質
肌が弱い	Ⓒ アレルギー体質ではなく肌が弱いだけ ⬇ スキンケアをしっかりする。アレルゲンの除去は必要なし	Ⓐ アレルギー体質で肌も弱い ⬇ アレルゲンを除去しても湿疹ができやすいので、こまめなスキンケアが大事
肌が丈夫	Ⓓ アレルギー体質ではなく肌も丈夫 ⬇ アレルゲンの除去は必要なし！	Ⓑ アレルギー体質で肌は丈夫 ⬇ 一時的に肌があれても、アレルゲンを除去すればきれいな肌になる

食物アレルギーになる可能性がある

アレルギーを悪化させないために湿疹を治すことが大切です

湿疹があると抗体はどんどんふえる

アレルギー体質と肌の弱さを両方持っている子は、ふつうの生活をしていても、汗をかくだけで肌があれてしまうことがあります。肌のバリア機能が壊れていれば、そこからアレルゲンが入ってしまいますね。だから、常にスキンケアを心がけておかないといけません。

湿疹が続いている限り、常に炎症が起きていて、炎症は「IgE抗体をもっとつくれ」という刺激になります。悪いサイクルが回り続けてしまうのです。

生後2～3カ月から6カ月までの数カ月間でも、IgE抗体の数値は爆発的に上がっていきます。そのころの赤ちゃんのIgE抗体は、10以下の1ケタくらいが正常ですが、4～5カ月ごろに重症のアトピー性皮膚炎で入

教えて! アトピー性皮膚炎ってなあに?

アトピー性皮膚炎は、アレルギー反応が皮膚にあらわれた症状です。アレルゲンは、食べ物のほかにも、ハウスダスト、花粉、ペットなどさまざま。かゆみが強く、繰り返すという点が特徴です。ステロイド外用薬で症状がおさまってきたら、様子を見ながら保湿剤に移行していき、肌のバリア機能回復をはかっていきます。

湿疹 うちの子の場合

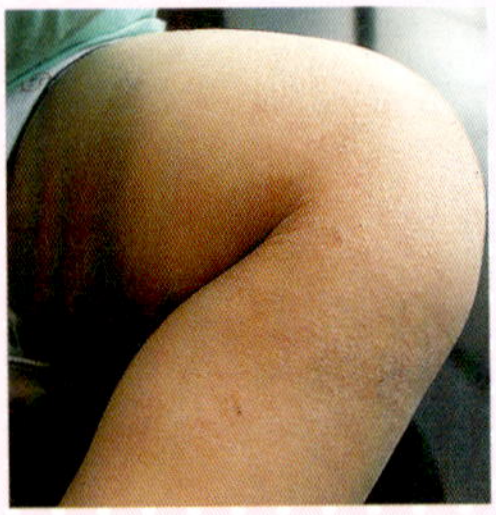

太もも、ふくらはぎの肌は、乾燥が強い時期は粉をふいたようにカサカサに。

湿疹が体に広がり「アトピーかも」といわれて治療中

1カ月健診では乳児湿疹との診断。その後、湿疹は顔から首、腕、足へ。ステロイド薬を使って治療し、今ではほとんど保湿剤だけでよくなりました。皮膚科の先生は「アトピーかもしれないけど、それにこだわらずに必要な治療を」というスタンスで、私もそれに納得しています。N・Yくん（1才1カ月）・Mママ

院するような子は、３０００、５０００という数値になります。当然、数値が高いままでは、食物アレルギーは治りにくくなります。

ステロイド剤を使って肌をきれいに

だから、肌はいったんきれいにしてあげなければいけません。湿疹がある赤ちゃんは、ステロイド剤であってもおそれずにぬって肌をきれいにし、バリア機能を正常に戻してあげることが必要です。ＩｇＥ抗体が数千という数値だった子でも、薬をしっかり使って湿疹をなくしてあげたら、数カ月で抗体値はスーッと下がっていきます。逆に、アトピー性皮膚炎のコントロールが悪い子だと、ＩｇＥ抗体は下がってきません。

湿疹を治すことで、食物アレルギーになることを防げるかもしれないし、少なくとも「ＩｇＥ抗体がどんどんふえて食物アレルギーを悪化させる」という事態を防ぐことができます。だからアレルギー科では、湿疹ができてしまったら「できるだけ早い時期に、積極的に治すこと」が推奨されています。

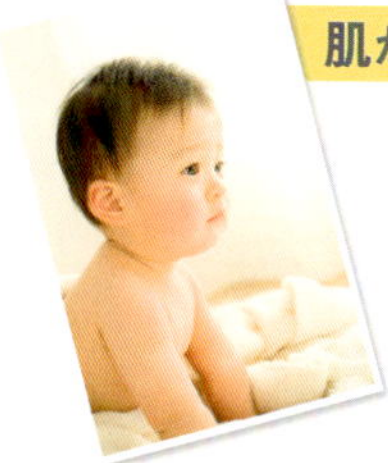

肌があれていると、アレルゲンが体内に入ってしまう

肌の表面をおおっている「皮脂」には、水分の蒸発や有害物質の侵入を防ぐ「ワックス」のような働きがあります。新生児期には盛んだった皮脂の分泌は、３カ月を過ぎると急激に減少してしまうため、肌が乾燥してトラブルを起こしやすいのです。

正常な状態の肌　　**乾燥した状態の肌**

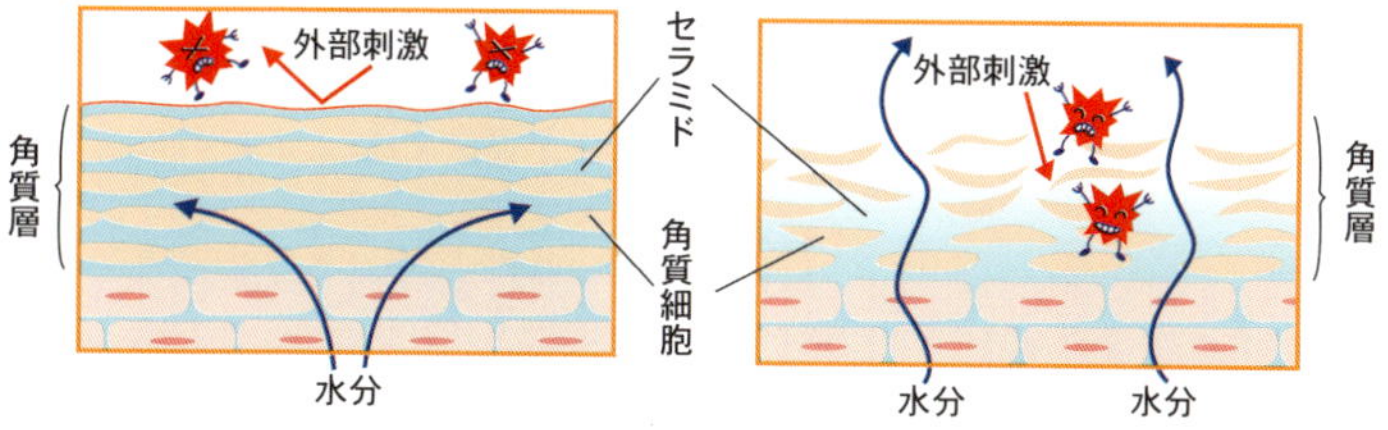

角質の細胞と細胞の間にある脂質「セラミド」がしっかり保たれ、また、皮脂で表面がコーティングされた状態。アレルゲンが侵入するのを防ぎ、肌の内側の水分もキープ。

セラミドが不足すると肌の角層は水分を保つことができず、はがれやすくなります。内側に含まれる水分がどんどん失われ、外部からのアレルゲンも侵入しやすい状態に。

基本のスキンケア①

肌を清潔にする

1日1回はおふろでやさしく洗って

汚れた肌のままで保湿しても効果が出ないうえ、かえってその刺激がトラブルの原因にもなります。まずは肌を清潔にする習慣をつけましょう。

肌の汚れには、汗やアカなど内側からの汚れと、細菌やウイルス、ホコリ、食べ物のアレルゲンなど外側からの汚れもあります。1日1回はおふろできれいに！　ただし、ゴシゴシ洗いすぎると皮脂まで落としてしまうし、洗浄剤の洗い残しも刺激になります。「石けんでやさしく洗って、きちんと洗い流す」のがポイントです。

また、汗や汚れのついた衣類、おしっこやうんちで汚れたおむつは、こまめに着がえさせましょう。顔や手についた食べカスやよだれも刺激になるので、ぬらしたガーゼなどでやさしく押すようにふいてあげます。

肌にやさしいおふろの入り方

① 洗浄剤は低刺激のものを

赤ちゃんのおふろに使う石けんやシャンプーは、弱酸性の「低刺激」で、「すすぎ落ちがいい」ことを重視します。強い香料の含まれる化粧石けんや、殺菌成分の入った薬用石けんは避けましょう。

② よく泡立てて やさしく洗い 石けんをよく流す

石けんはよく泡立てて、ママの手か、肌にやさしいタオルで洗ってあげます。泡タイプのボディソープは便利です。石けん成分が残らないように、首やわきの下、くびれ部分は特にていねいに流しましょう。

③ 湯温は ぬるめに

熱いお湯で体があたたまり、血行がよくなるとかゆみを感じやすくなります。お湯の温度は、大人には少しぬるく感じる38〜39度くらいが目安です。

④ こすらず 押しぶきする

ゴシゴシと強くふくのはよくありません。バスタオルで包み、そっと押すようにして、水分を残さないようにふきとってあげましょう。バスタオルは吸水性が高く、肌にやさしいものを選んで。

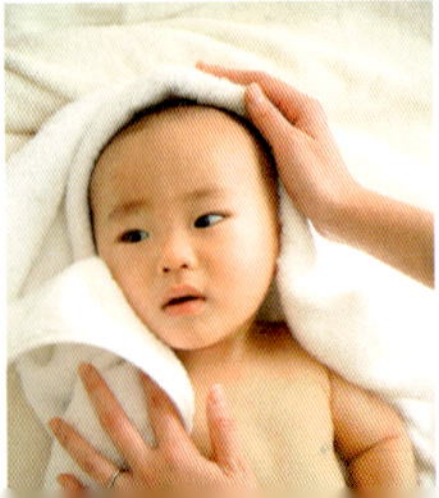

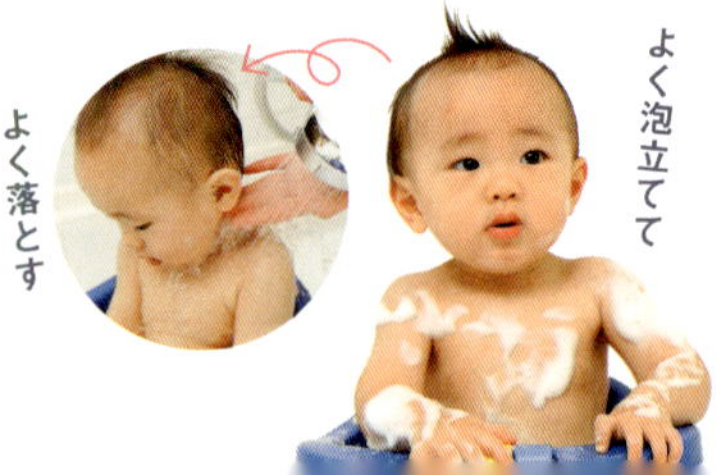

基本のスキンケア②

肌を保湿する

1日に何度でもこまめな保湿を！

おふろのあとは、保湿効果が最も高まるタイミング。肌から水分が蒸発しないうち（体をふいてから10分以内）に、すばやく保湿しましょう。そのほか、授乳や離乳食のあとに手や顔をふいたときや、お出かけの前後など、「肌がカサついている」と思ったら、そのつど保湿を。肌が〝しっとり〟する量を目安にぬりましょう。うるおいを保てれば、刺激に対しても強い肌になります。

市販の保湿剤では、「ローション」→「クリーム」→「オイル」の順に保湿効果が高まります。もし、肌の赤みや湿疹など、気になる症状があるときには、保湿剤を使うことで症状が悪化することもあります。まずは小児科または皮膚科を受診して、保湿剤の使用については医師の指示に従いましょう。

全身をうるおす保湿剤のぬり方

お母さんは手をきれいに洗って、爪も短く切ります。必要な分量の保湿剤を手の甲にとり、赤ちゃんの体にチョンチョンと置いて、やさしくマッサージするようにぬりましょう。頭と顔、おなか、背中、腕から手先、太ももから足先まで、全身をケア。

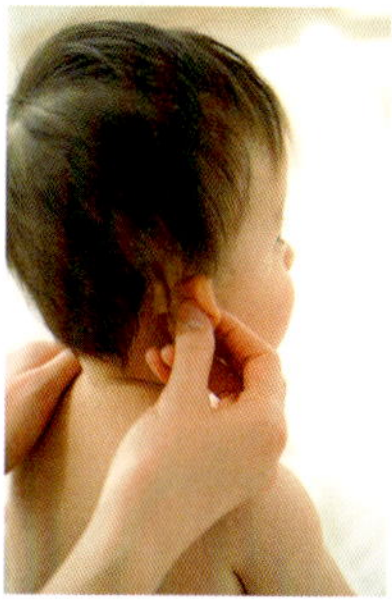

目や口のまわり、耳の後ろなどこまかいパーツも忘れずに！

皮膚の薄い目のまわりや、耳の後ろ側、口のまわりもぬってあげて。少しなめてしまっても、保湿剤には体の害になるような成分は含まれていないので心配ありません。

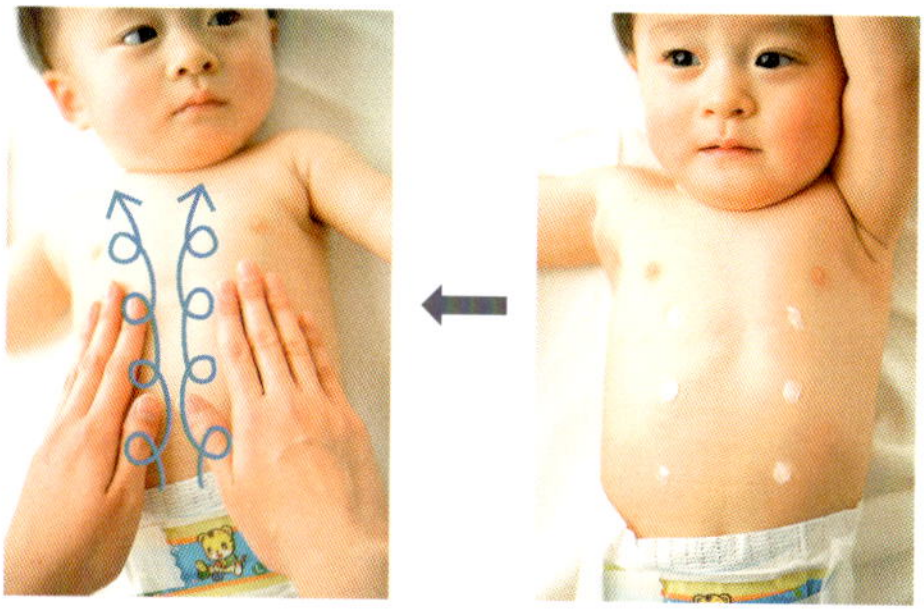

保湿剤を点在させて円を描くようにのばす

左右対称に何カ所かに置いた保湿剤を、両方の手のひらや指の腹を使って、くるくると円を描くようにのばします。目を見て声をかけながらぬると、赤ちゃんも安心します。親子のスキンシップタイムを楽しんでくださいね♪

赤ちゃんの

湿疹・アトピーによく処方される薬

飲み薬を処方されることもある

肌トラブルの治療に使われるのは、ヒスタミンの働きを阻止するなどの作用がある「抗ヒスタミン薬」。シロップや粉末があります。

ステロイド外用薬

5段階 最も強い	●デルモベート ●ジフラール　など
4段階 非常に強い	●マイザー ●アンテベート ●ネリゾナ ●フルメタ　など
3段階 強い	●リンデロン-V ●ザルックス ●プロパデルムなど
2段階 弱い	●キンダベート ●アルメタ ●ロコイド　など
1段階 非常に弱い	●コルテス ●プレドニゾロン　など

赤ちゃんには原則的に使わない

皮膚に炎症があるときに使います。使う部位や症状などにより、処方される薬は変わることが多く、赤ちゃんには主に左の2～3段階のものが処方されます。医師の指示どおりに適切な量と期間を守れば、赤ちゃんに使っても問題はありません。

そのほかの外用薬

肌の保護やうるおい補給に スキンケア外用薬

市販の保湿剤と同じく、バリア機能が低下した肌を保護し、うるおいを補うためのぬり薬。プロペトは肌の水分をキープする働きが。ヒルドイドは水分を補うほか、血行も促進します。

- ●プロペト
- ●ヒルドイド

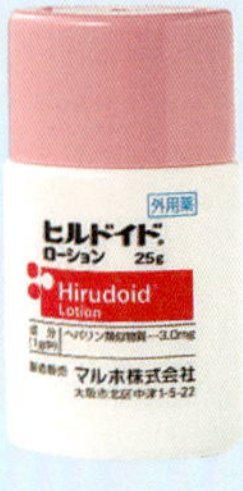

ヒスタミンの働きを抑える 抗ヒスタミン外用薬

アレルギー反応などにより、体内で化学物質の「ヒスタミン」が放出されると、神経を刺激してかゆみのもとになります。その働きを抑える薬。いわゆる「かゆみ止め」です。

- ●オイラックス
- ●レスタミンコーワ

傷口の菌の活動を抑える 抗生剤（抗菌外用薬）

ジュクジュクした湿疹やかきこわした傷口に、黄色ブドウ球菌などが繁殖したときに使われ、菌の活動を抑える薬です。いわゆる「とびひ」の薬です。

- ●フシジンレオ
- ●アクアチム

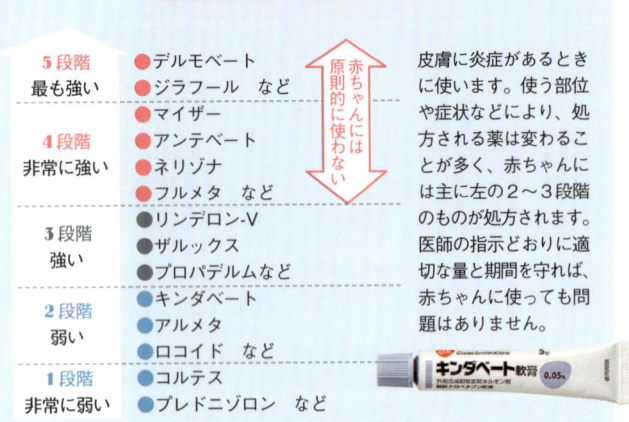

湿疹 うちの子の場合

薬を使うとよくなり、やめると悪化。その繰り返しです

W·N ちゃん（5カ月）　M ママ

肌履歴

- ●3カ月
  赤い湿疹ができ、受診。「アトピーかも」とのこと

↓

- ●4カ月
  おむつかぶれができる。清潔・保湿に気をつけておさまる

↓

- ●現在
  保湿剤をベースにステロイドと飲み薬で様子を見ている

生後3カ月ごろ、顔や首、おなかなどに赤い湿疹が。夏場だったので、最初は「乳児湿疹？あせも？」と思って皮膚科を受診。すると、「乾燥しているし、アトピーかな」とのこと。検査はもう少し様子を見てからということで、かゆみが強いときは飲み薬とステロイドのぬり薬を使い、「ちょっと赤いけどかゆみはそんなに強くない」というときは、顔・首・体用と別々のぬり薬を使うようにしました。保湿剤は1日3回といわれましたが、乾燥が気になるときはこまめにぬっています。

薬にも合う、合わないがあって、合わないものをぬって悪化したことも。いろいろ試しながら使っている状態です。今は落ち着いていますが、薬を使うとよくなって、やめるとまたひどくなる、という繰り返し。乾燥が気になる寒い時期は、加湿器を使うなどして湿度をキープしています。

離乳食は最近はじめたばかり。食べ物の制限はしていませんが、「少しずつあげて」と指導されて慎重に進めています。

湿疹 うちの子の場合

先生に相談しつつ湿疹をケアし、離乳食を進める日々

R·K ちゃん（8カ月）　N ママ

肌履歴

- ●2カ月
  脂漏性湿疹で受診

↓

- ●3カ月
  アレルギー科のある小児科へ。乾燥の強い肌といわれる

↓

- ●5カ月
  血液検査で卵と小麦が陽性

↓

- ●現在
  毎日のケアで肌症状は改善

脂漏性湿疹で2カ月ごろ受診。3カ月のとき、アレルギー科のある小児科に転院し、「乾燥の強い肌」とのことで、処方された保湿剤（プロペト）を多いときは1日4～6回ぬっていました。かゆいせいか夜眠れず、大泣きすることもあり、そんなときは小さな保冷剤をガーゼでくるんで当てるとラクみたいでした。

5カ月の血液検査で、卵と小麦の数値が高めだったので、8カ月の今も卵と小麦は与えていません。牛乳と大豆は少しずつはじめていますが、離乳食は月に1回受診し、先生と相談しながら進めています。

最初はひどい湿疹で落ち込みましたが、毎日のケアでだいぶ回復しました。でも、首元やひじ、ひざの裏などはアトピー性皮膚炎の症状があり、ひどいときはステロイド入りのプロペトを使い、1日2回、抗ヒスタミン剤のシロップを服用中です。アトピーの情報はさまざまですが、いろいろな先生の意見を聞いたうえで信頼できる先生を選ぶのがいちばんだと思います。

伊藤先生教えて!

食物アレルギーQ&A

あやふやな情報に、お母さんは振り回されてしまいがち。
アレルギー専門医の伊藤先生に、正解を教えてもらいましょう。

Q

アレルギーによる湿疹とそうでない湿疹はどうやって見分けるの?

(4カ月・男の子)

A

全身の肌の状態を見て判断。血液検査で確認します

ただの乾燥肌か、アレルギー反応による湿疹か、お母さんが見分けるのはむずかしいですね。医師は湿疹のある部分だけでなく、全身の肌の状態を見て判断します。以下のような症状があればアレルギー専門医に相談し、必要なら血液検査で抗体値を調べましょう。

離乳食開始前でもこんな症状があったらアレルギー専門医を受診しましょう

- □ ジクジクした湿疹がある
- □ 顔の一部だけでなく、体や手足に広がる湿疹がある
- □ ステロイド軟膏を使って一時的によくなっても、すぐに再発する湿疹がある
- □ ママが特定の食べ物(卵など)を食べて授乳すると、湿疹の悪化や皮膚の赤みが出る

湿疹

Q

湿疹やアトピー性皮膚炎があると、食物アレルギーになりやすいの?

(3カ月・女の子)

A

合併しやすいので早めに治療しましょう

食物アレルギーを持つ赤ちゃんのうち、4人に3人くらいは湿疹があって、その一部はアトピー性皮膚炎と診断されています。肌があれているとアレルゲンが体内に侵入しやすいので、食物アレルギーを合併しやすくなります。湿疹は早期にしっかり治療しましょう。

ママの食べ物

Q

母乳をあげているので私が卵を食べていいのか不安に思うことが…

（6カ月・女の子）

A

何も症状がなければふつうに食べてください

お母さんが卵を食べたあとの授乳で、吐いたり、湿疹が悪化したり、ということがなければ、ふつうに食べましょう。「妊娠中や授乳中にお母さんが卵を食べると、赤ちゃんが卵アレルギーになるのでは」と考える人もいますが、カン違い。関係ありません。

Q

食物アレルギーになったらママもいっしょに除去するの？ おっぱいは断乳するの？

（6カ月・男の子）

A

母乳をあげている場合は主治医に相談しましょう

母乳をあげているお母さんも除去するかどうかは、重症度にもよるので、主治医に相談を。断乳時期は、アレルギーに即した目安はないので、離乳食の進みぐあいや赤ちゃんの心の成長に寄り添って決めましょう。

Q

妊娠中に卵や牛乳を控えると生まれる子のアレルギー予防になるというのはホント？

（7カ月・男の子）

A

ウソ！　妊娠中は好きなものを食べてください

赤ちゃんの食物アレルギー発症を予防するうえで、「妊娠中の食事制限は効果がない」ことは研究により明らかになっています。お母さんに食物アレルギーがなければ、バランスのよい食事でおなかの赤ちゃんに栄養を届けてください。

予防

Q

動物園に行くとアレルギーの予防になる？

（1才1カ月・女の子）

A

衛生管理にすぐれた先進国では効果はありません

牧畜農家で生まれ育ち、毎日牛の世話をして、生の乳を飲んで育っている環境なら話は別ですが。多少の自然や動物とのふれあいで、予防するほどの意味はありません。現代のライフスタイルのなかで、いかに食物アレルギーとつきあっていくかが課題です。

Q

アレルギーにならないためにできることはないの？

（7カ月・女の子）

A

予防策があるとしたら「少しずつ食べていること」

これぞ、という予防策はないんです。ただ、アレルゲンは完全除去すると、かえって異物と認識されて抗体がつくられやすくなります。そのため、「食べられる量を少しずつ食べている」ことが食物アレルギーを予防し、早く治すために効果的といえます。

Q

卵などを早く与えすぎるとアレルギーになりやすい？遅くしたほうがいい？

（6カ月・女の子）

A

食べられるなら目安の時期に。遅くしても予防にはならない

赤ちゃんは消化機能が未熟なので、卵などのたんぱく質源食品は目安の時期にはじめましょう。症状が出なければ、少しずつ食べさせたほうが、早く耐性がつくことがわかっています。遅らせることは、食物アレルギーを予防する効果はありません。

Q

今、卵や乳製品は食べていますが、成長してからアレルギーになることもある？

（1才1カ月・男の子）

A

食べているなら大丈夫。ほかの食べ物では可能性も

卵や牛乳をそれまで問題なく食べていて、1才過ぎに突然、食物アレルギーになることはあまり考えられません。1才以降にはじめて食べる、えび、かに、そば、魚卵などで発症するという可能性はあります。

Q

私が昔、卵、牛乳、大豆のアレルギーだったのでこわくてあげられません

（9カ月・男の子）

A

同じ食べ物で発症するとは限りません

アレルギーになりやすい体質は遺伝しても、親と同じ食物アレルギーになるとは限りません。また、どの食べ物がアレルゲンになるかも予測ができません。あまり考えすぎずに、少量から試してみませんか。症状が出たときに除去を考えましょう。

遺伝・発症

Q

食物アレルギーの子はぜんそくになりやすいの？

（1才6カ月・女の子）

A

なりやすいです。寝具の手入れを重視して

食物アレルギーの赤ちゃんは、ダニや花粉のアレルギーを持つことが多く、ぜんそくも発症しやすい傾向にあります。大切なのは、寝具の手入れ。丸洗いできるものはこまめに洗い、しっかり乾燥させましょう。布団の表面は掃除機で吸いとるのが有効です。

アレルギー疾患における年齢と有病率の関係

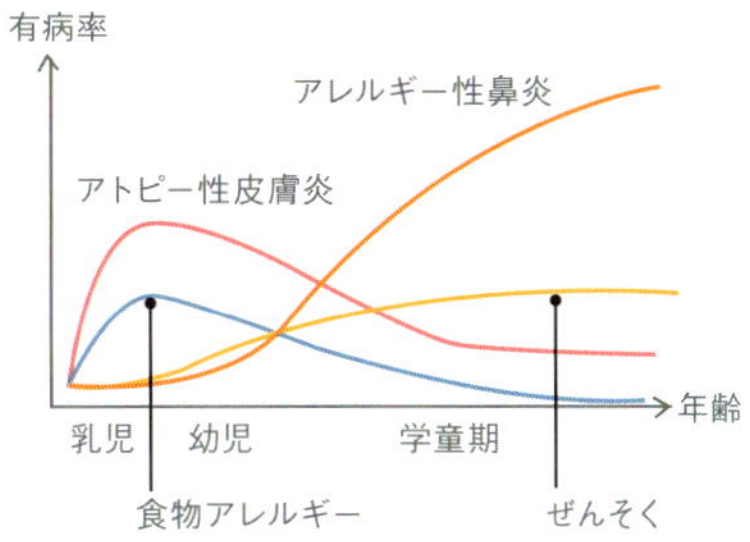

その他

Q

予防接種を受けるときに注意することは？

（10カ月・男の子）

A

重いアレルギーがあるとはれや赤みが出やすい

まれにはれや赤みが出ることはありますが、できない予防接種はありません。心配であれば事前に食物アレルギーがあることを伝えましょう。注射後に症状が出たときは、接種した医師に確認してもらい、次の接種について必要な安全対策を相談してください。

Q

かぜ薬を飲ませたいのですが気をつけることは？

（1才・女の子）

A

アレルギーの状態を薬剤師に正しく伝えて

処方薬や市販の薬でも、かぜ薬や下痢止めの一部には、卵白や牛乳の成分が配合されているものがあります。薬局やドラッグストアで手に入れるときには、必ずアレルギーの有無や状態について正しく薬剤師に伝えましょう。

Q

牛乳は大丈夫なのにチーズで発疹が！アレルゲン性が強いの？

（11カ月・女の子）

A

そうではありません。たんぱく質量が多いから

チーズのほうが牛乳に比べて含まれるたんぱく質の量が多いから、症状が出やすいんです。スライスチーズ1枚で、牛乳100mℓ以上に相当します。ちなみに、バターは脂肪が多くたんぱく質量は牛乳の⅕ですから、症状は出にくいです。

Q

乳化剤は「乳」なのに除去しなくていいの？

（8カ月・男の子）

A

牛乳とは関係ないので除去しなくてOK

乳化剤は、水と油を混合するための添加物で、牛乳とは無関係。「乳酸カルシウム」も、化学物質の名前なので大丈夫です。「乳糖」は超重症の子で少しじんま疹が出るくらいですから、事実上、除去の対象ではありません。

Part 2

「たんぱく質」をちゃんと食べる

離乳食のはじめ方進め方

「はじめて食べるもので症状が出るかもしれない」

と思うと、お母さんはドキドキしてしまいますね。

「どんな食べ物を」「いつから」「どれくらいの量」

食べさせればいいのか、という質問が多数寄せられています。

ここでは、アレルゲンになりやすいたんぱく質を含む食品について
お母さんが安心して進められるように解説しました。

体をつくるのはたんぱく質です。

「食べられるならちゃんと食べる」ことが大切です。

この本のレシピの見方

- 電子レンジは 600W の場合の目安です。
- 小さじ1は5mℓ、大さじ1は 15mℓ、1カップは 200mℓです。
- 材料の分量は、皮や種を除いた可食部の重さをあらわしています。

アレルギーの有無にかかわらず離乳食は5〜6カ月ではじめてください

自己判断で食事制限するのはＮＧ

母乳は赤ちゃんにとって「最良の栄養源」といわれますね。でも、赤ちゃんは日々成長し、やがて母乳だけでは鉄やカルシウム、たんぱく質など、成長に必要な栄養素が足りなくなります。離乳食を生後5カ月から、遅くとも6カ月のうちにはじめるのはそこに理由があります。

でも最近では、「食物アレルギーがこわいから」と離乳食の開始を遅らせたり、卵などを与えるのを控え続けるお母さんがいます。食物アレルギーかどうかもわからないのに、むやみに自己判断で食物制限をするのはやめてください！「離乳食を遅らせても、食物アレルギーを予防するという効果はない」ことはわかっているし、むしろ、赤ちゃんの成長に悪影響を与えかねません。

赤ちゃんに こんな様子が見られたら離乳食をスタートしてOK

- □生後５〜６カ月になった
- □首がしっかりすわっている　支えがあればおすわりができる
- □母乳・ミルクをしっかり飲んで　体重が順調にふえている
- □大人が食べているのを見ると、口をもごもご　動かしたりして食べたそうなそぶりをする
- □体調・機嫌がよい

あてはまらない場合は、もう少し様子を見て

離乳食を受け入れる準備ができていません。発達の様子や、母乳量と体重のふえ方、皮膚の状態、機嫌や睡眠などを確認して、問題があるようなら小児科を受診しましょう。

湿疹などの症状があって「食物アレルギーかも」と不安に思うのであれば、まずは医師（できればアレルギー専門医）に相談しましょう（P.112参照）。

アレルギーの子も基本の進め方は同じ

医師に相談したうえで「食物アレルギーを疑っている」または「食物アレルギーと診断された」場合でも、離乳食は生後5～6カ月でスタートさせます。

まだ検査はしていないけれど、食物アレルギーが疑われるときは、医師と相談しながら慎重に進めます。

血液検査をして、たとえば卵のIgE抗体の値が高ければ、「とりあえず、卵は除去して進める」という指導になるでしょう。そのときは卵だけを除去し、卵の栄養をほかのたんぱく質源食品で補いながら、ほかの赤ちゃんと同じように離乳食を進めていけば問題ありません。

はじめて食べさせるものは不安になりますが、「①赤ちゃんが体調のいいときに」「②受診のできる時間帯に」「③ごく少量から」という点に気をつければ、大丈夫です。おそれずにトライしていきましょう。

母乳の栄養は成長とともに減っていきます

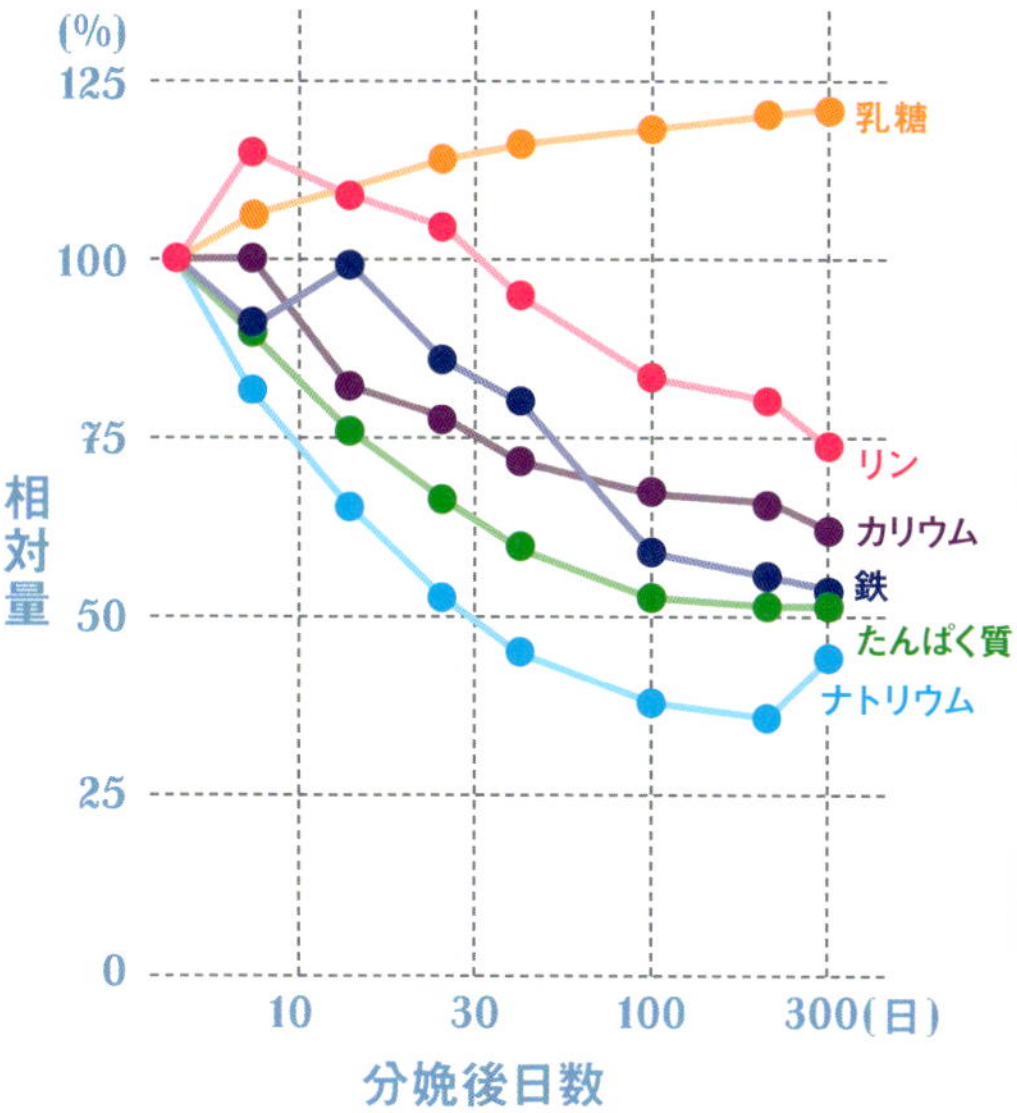

出産直後の母乳は、赤ちゃんに必要な栄養素がたっぷり。でも、母乳に含まれる栄養成分は変化していき、生後300日（生後9カ月ごろ）になると、鉄やたんぱく質は約半分に減ってしまいます。

出典：
「最近の日本人人乳組成に関する全国調査」

最初の1カ月は慣らし期間。おかゆからゆっくり進めます

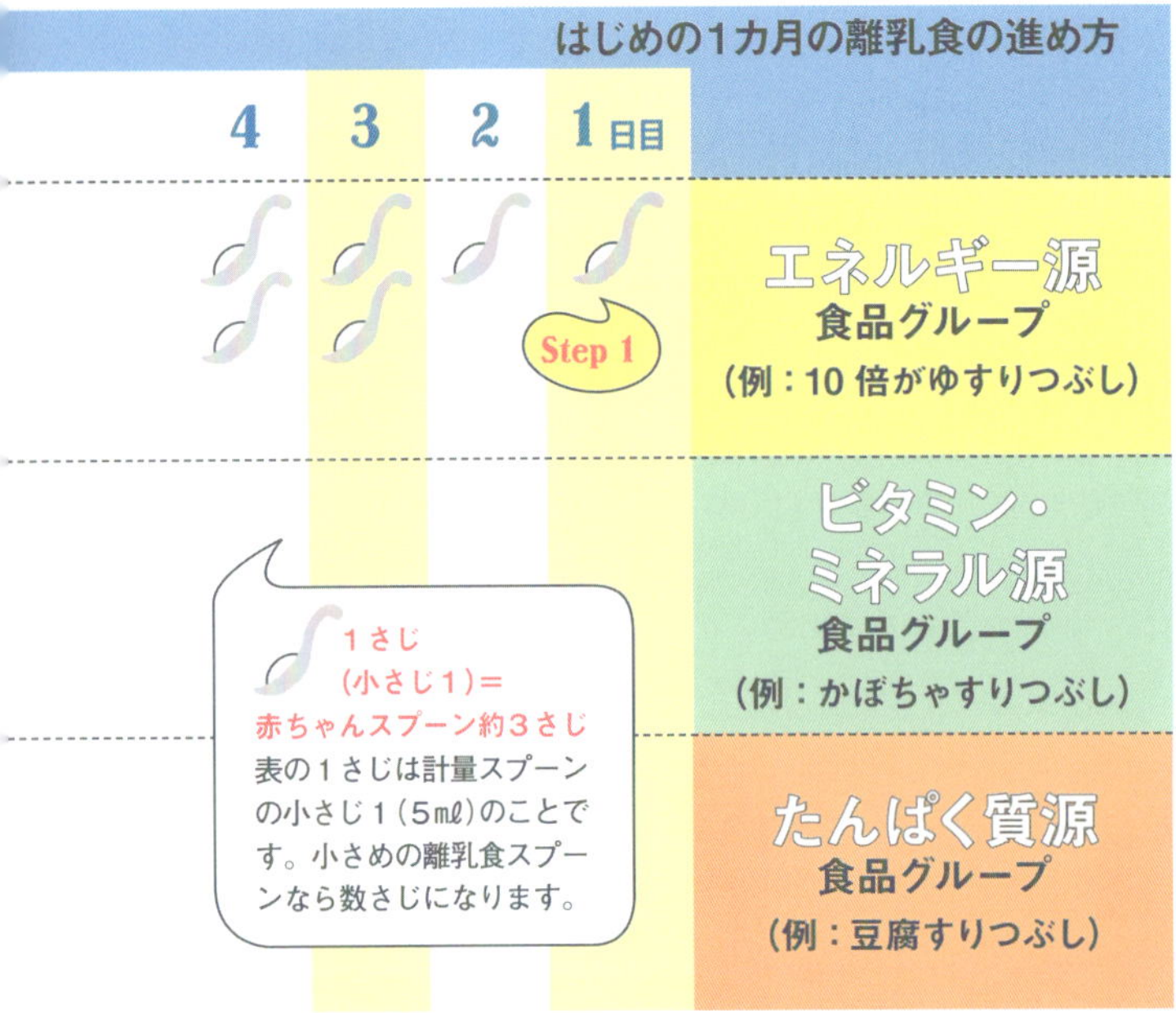

1カ月で3つの栄養源がそろえばOK

離乳食は、「飲む食事」から「かんで食べる食事」へ移るための練習期間といえます。母乳やミルクだけを飲んでいた赤ちゃんが、いきなり食べ物を口にするのだから、その変化は大人が想像する以上に大きいもの。最初はスプーンをいやがったり、口からべぇ〜っと出してしまうこともあります。ゴックンと飲み込めるだけで上出来なんです。1カ月くらいかけて、3つの栄養源（P.39で詳しく解説）にゆっくり慣れていきましょう。

その後は、赤ちゃんのかむ力や消化能力の発達に合わせて進めます（次ページ参照）。月齢はあくまでも目安なので、つまずいたり、あと戻りすることもよくあること。その子の個性を、おおらかに見守ってくださいね。

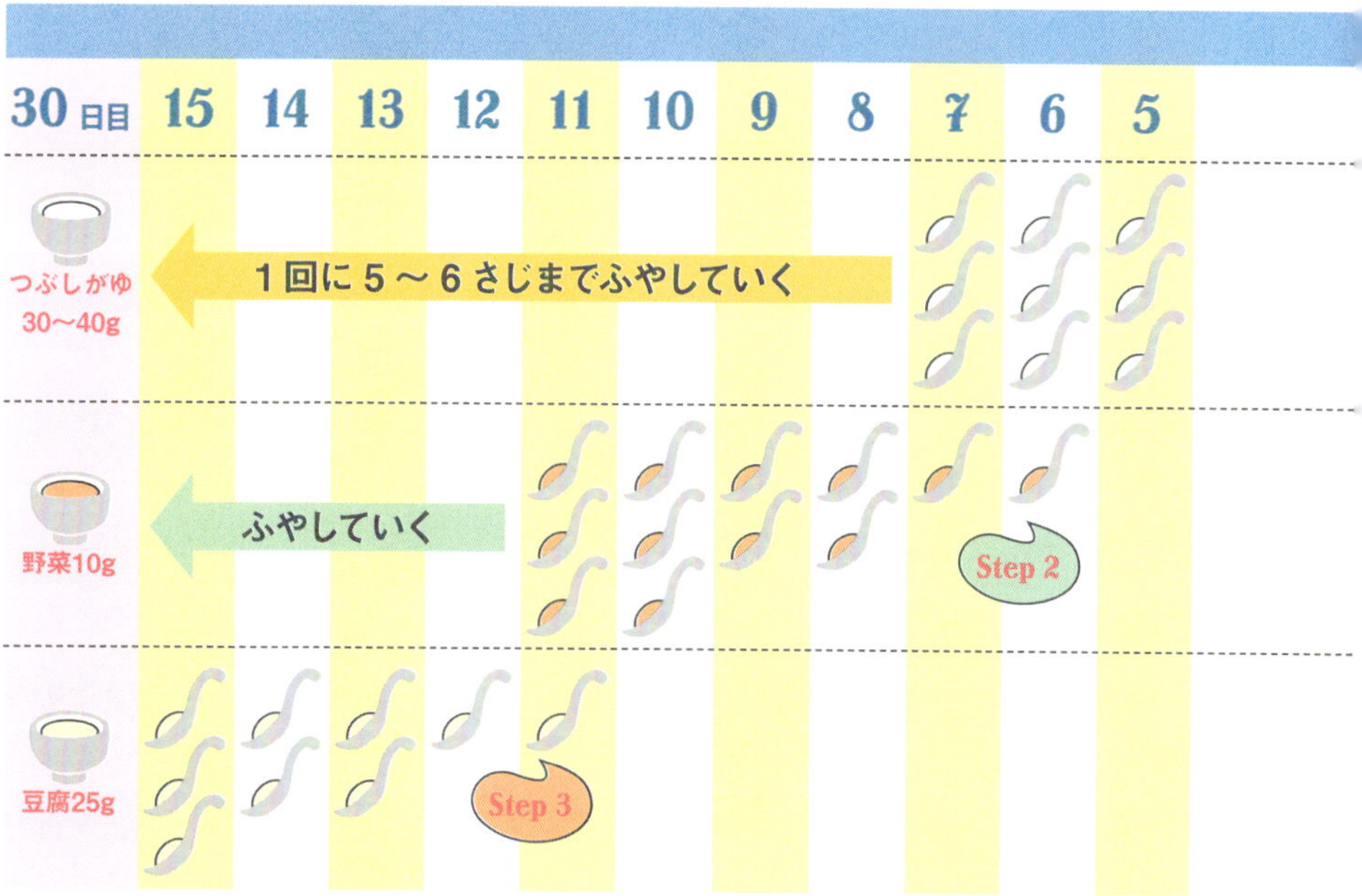

Step 1
10倍がゆのすりつぶしから
（エネルギー源）

最初のひと口は、米を10倍の水で炊いた「10倍がゆ」をトロトロにすりつぶして与えます。消化吸収がよく、アレルギーの心配も少ないのでおすすめ。1さじからはじめ、2日目も1さじ、3日目になったら2さじ、とふやしていきます。

Step 2
おかゆに慣れたらかぼちゃをプラス
（ビタミン・ミネラル源）

おかゆを順調に食べられたら、2品目に野菜を与えます。かぼちゃ、にんじんなど、アクが少なくて甘みがあり、トロトロにしやすいものから1種類を選びましょう。数日は同じものを与え、少しずつ量をふやしていきます。

Step 3
おかゆと野菜に慣れたら豆腐をプラス
（たんぱく質源）

おかゆと野菜を順調に食べられたら、たんぱく質源食品を1種類プラスします。最初はトロトロにしやすい豆腐が人気です。大豆アレルギーの場合は、白身魚やしらす干し（熱湯で塩抜きしたもの）でもかまいません。

離乳食の

ステップアップ目安表

離乳食は5～6カ月ではじめてから、半年～1年かけて慣らし、かたさ・大きさや食事の量をステップアップしていきます。個人差はあって当たり前！　あせらずゆっくり進めましょう。

5～6カ月ごろ ゴックン期

栄養バランスの目安

離乳食は1日1回
(開始から1カ月たったら1日2回に)

	母乳・ミルク	離乳食
前半	90%	10%
後半	80%	20%

離乳食に慣れるための時期。母乳やミルクはほしがるだけ与えてOK。

形状のイメージ

ポタージュ状のトロトロ

スプーンで皿をなぞると線が残り、まもなくスーッと消えるトロトロ状。慣れてきたら水分を減らして、ケチャップ状にしていきます。

1回に食べる量の目安

メニュー例（開始から1カ月たったころ）

ごはん	10倍がゆ30～40g
野菜	10g
果物	5g
たんぱく質	豆腐25g (魚なら10g)

7～8カ月ごろ モグモグ期

栄養バランスの目安

離乳食は1日2回

	母乳・ミルク	離乳食
前半	70%	30%
後半	60%	40%

食事量をふやしていきます。母乳はほしがるだけ与え、ミルクは1日5回が目安。

形状のイメージ

絹ごし豆腐くらいのふわふわ

この時期は、絹ごし豆腐がつぶすのにぴったり。おかゆや野菜も指でつぶせるやわらかさにし、パサつく魚や肉はとろみをつけて。

1回に食べる量の目安

メニュー例

ごはん	7～5倍がゆ50～80g
野菜	15～20g
果物	5～10g
たんぱく質	豆腐30～40g (肉・魚なら10～15g)

1才~1才6カ月ごろ パクパク期

9~11カ月ごろ カミカミ期

栄養バランスの目安

1才~1才6カ月ごろ パクパク期

離乳食は1日3回

	母乳・ミルク	離乳食
前半	25%	75%
後半	20%	80%

栄養の大半は離乳食から。この時期、牛乳またはミルクは1日300～400mℓが目安。

9~11カ月ごろ カミカミ期

離乳食は1日3回

	母乳・ミルク	離乳食
前半	35~40%	60~65%
後半	30%	70%

離乳食からの栄養が、母乳・ミルクと逆転！食事で鉄分補給を心がけます。

形状のイメージ

やわらかい肉だんごくらい

指やフォークで軽くつぶせる、肉だんごくらいのかたさに。上下の前歯が生えそろう子も多く、前歯でひと口量をかみ切ることも練習。

指でつぶせるバナナくらい

バナナを指でつぶす感触が、歯ぐきでつぶして食べるのに最適なかたさ。にんじんなどのかたい野菜も、やわらかく煮ましょう。

1回に食べる量の目安

メニュー例

ごはん	軟飯90g～ごはん80g
野菜	30～40g
果物	10g
たんぱく質	豆腐50～55g (肉・魚なら15～20g)

メニュー例

ごはん	5倍がゆ90g～軟飯80g
野菜	20～30g
果物	5～10g
たんぱく質	豆腐45g (肉・魚なら15g)

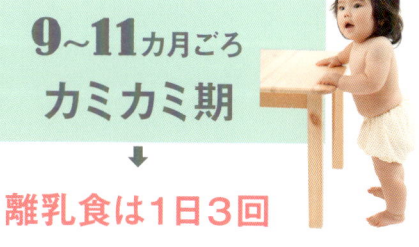

赤ちゃんの消化能力やかむ力に合わせて、ルールを守って進めます

Rule 1 やわらかく調理して液体→固形にしていく

赤ちゃんは、いきなり固形のものは食べられませんね。かむ力や、歯の生え方を考えてあげなければいけません。5〜6カ月ごろの赤ちゃんは、まだ歯が生えていない子がほとんど。前歯が生えそろうのは1才ごろ、奥歯で本格的な「そしゃく」ができるのは2才半〜3才以降です。離乳食は、そんな赤ちゃんでも飲み込めるように、食材をやわらかく調理してあげます。

食べ物をとり込み、かみつぶす舌や口の動きは、大人には簡単でも、赤ちゃんは練習して少しずつ上達するものです。トロトロ状からはじめて、口の動きをよく観察しながら、少しずつかたさ・大きさを増していきましょう。

Rule 2 抵抗力が弱いので加熱殺菌するのが安心

赤ちゃんは細菌に対する抵抗力がとても弱いことも、忘れないでください。食べ物を通して体内に入った細菌は少量でも食中毒を発症させ、重症化してしまうこともあります。特に離乳食は、つぶしたり刻んだりするので、細菌感染の機会も多いのです。

赤ちゃんに食べさせるものは、すべて火を通すか、電子レンジで加熱するのが安心。食材の中心の温度が75度で1分以上加熱すれば、ほとんどの菌は死滅します。作りおきして時間がたったおかずや、冷凍しておいた食材も、電子レンジで熱々に加熱しましょう。お母さんの手や調理器具もきれいに洗ってくださいね。

Rule 3 たんぱく質源食品は「量」と「順番」を守る

食べ物に含まれるたんぱく質は、消化により小さいペプチドやアミノ酸に分解されて吸収されます。しかし、赤ちゃんは消化機能が未熟なため、たんぱく質を大きい分子のまま吸収してしまうことがあります。

ただ、たんぱく質は成長には欠かせない栄養素。自己判断で除去せずに、アレルギーを起こしにくいものからスタートしましょう。

未消化のたんぱく質がアレルゲンになりやすい

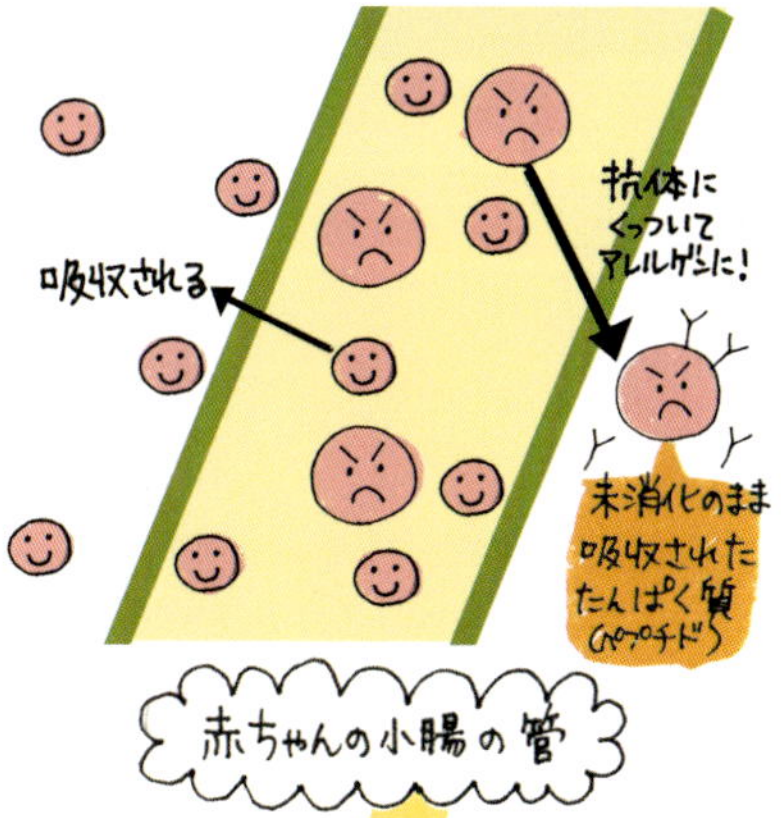

食物アレルギーでは「たんぱく質」がキーワード!

Rule 4 塩分や脂肪も体の負担になるので量を控える

余分な塩分を体の外に捨てる役割をする腎臓の機能は、生後6カ月で大人の半分ほど。多すぎる塩分は、赤ちゃんの腎臓に負担をかけてしまいます。また、母乳中の脂肪は消化吸収されやすいのに対し、食品中の脂肪や油脂は、大きな負担に。赤ちゃんは脂肪を分解する消化酵素の分泌が不十分なため、吸収されにくく、胃がもたれたり、下痢になったりすることもあるのです。

このため、離乳食では調味料は使わないのが基本。素材の味を生かして調理します。いため物や揚げ物など、調理で使う油脂も量を守りましょう(P.100参照)。

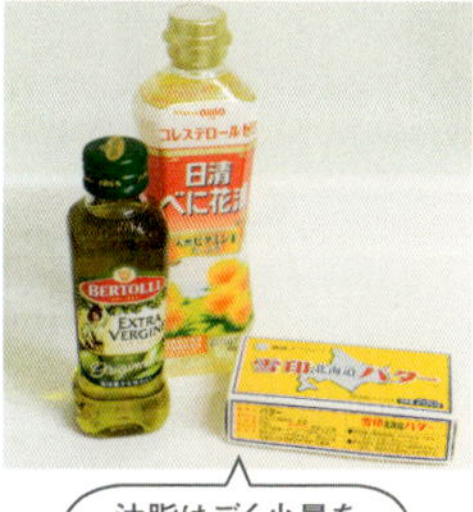

油脂はごく少量を6カ月ごろ～なら

調味料はごく少量を7カ月ごろ～なら

たんぱく質はすべての食品に含まれアレルゲンになる可能性があります

食品は多く含む栄養素で分類される

食物アレルギーの原因になるのは、食べ物に含まれるたんぱく質です。たんぱく質というと、まず思い浮かべるのは、肉、魚、卵、大豆製品、乳製品の5つですね。これらは良質なたんぱく質を多く含んでいるため、「たんぱく質源食品」に分類されます。

でも、栄養バランス表では「エネルギー源食品」や「ビタミン・ミネラル源食品」に分類されるものにも、たんぱく質は含まれています。米、小麦製品、そばなどの穀類にもたんぱく質は多いですし、野菜や果物にも少量ですが含まれています。量の差はありますが、すべての食品にはたんぱく質が含まれているため、どんな食品でもアレルゲンになる可能性はあります。

たんぱく質は量よりも構造が問題

なかには、「たんぱく質の多い食べ物がアレルギーになりやすい？」とカン違いして、たんぱく質源食品を控えているというお母さんがいますが、そうではありません。たんぱく質には、アレルギーを起こしやすい構造と、起こしにくい構造があります。

たとえば、鶏肉はたんぱく質が多いですが、ニワトリとヒトの筋肉のたんぱく質がよく似ているため、体にとって異物にはなりにくいのです。一方で、キウイフルーツのたんぱく質は少ないですが、アレルギーを起こしやすい構造のため、原因食べ物としては上位にあります。

このように、たんぱく質がアレルゲンになるかどうかは、「量」よりも「構造」で決まるのです。

３つの食品グループを組み合わせて食べることで、栄養バランスがととのう

栄養素にはそれぞれ役割があり、互いに助け合って働きます。
だから、３つの食品グループを組み合わせて食べることが大切！

多

たんぱく質量

少

筋肉や血液をつくる たんぱく質源食品

体内で十分に合成されない、必須アミノ酸をバランスよく含む良質なたんぱく質源食品

卵
栄養価は高いが
アレルギーにも
なりやすい

乳製品
カルシウムを
手軽に
補給できる

肉
吸収率のいい
ヘム鉄で
貧血予防にも

魚
DHA・EPA
など体にいい
脂肪酸が豊富

大豆製品
植物性の
たんぱく質で
栄養価も高い

熱や力のもとになる エネルギー源食品

たんぱく質も含むが、炭水化物が多くエネルギー源になる

油脂
赤ちゃんには
負担なので
量を控える

いも
糖質が多く
離乳食では
エネルギー源

めん
小麦製品は
アレルギーに
注意が必要

パン
小麦たんぱく質
がアレルギー
の原因にも

ごはん
消化吸収が
よく離乳食
にぴったり

体の調子をととのえる ビタミン・ミネラル源食品

たんぱく質は少なく、ビタミン・ミネラルや食物繊維を多く含む

海藻
鉄など
ミネラルの
補給に◎

きのこ
ビタミンDが
カルシウムの
吸収を助ける

果物
ビタミンCが
豊富なので
とり入れたい

野菜
緑黄色野菜は
抗酸化力
が高い！

必須アミノ酸については次ページへ

たんぱく質はアミノ酸の集合体。分解されるほどアレルゲンになりにくい

20種類のアミノ酸でできている

少しむずかしいのですが、ここでは、たんぱく質の仕組みについてお話ししましょう。

たんぱく質は、たくさんのアミノ酸が結合してつくられています。アミノ酸の種類や数、配列によって、異なる構造をしています。

自然界には、数百種類のアミノ酸が存在するといわれていますが、ヒトを含めて生物のたんぱく質になるアミノ酸はわずか20種類しかありません。

そのうち、体内では十分に合成されず、食事からとらなければならないものを必須アミノ酸といいます（乳幼児は10種類）。必須アミノ酸をバランスよく含む食品は、良質なたんぱく質源であるといえます。

ヒト（乳幼児）のたんぱく質を構成するアミノ酸は 20 種類

●必須アミノ酸	●非必須アミノ酸
イソロイシン	グリシン
ロイシン	アラニン
リジン	セリン
メチオニン	アスパラギン酸
フェニルアラニン	グルタミン酸
スレオニン	グルタミン
トリプトファン	システイン
バリン	チロシン
ヒスチジン	プロリン
アルギニン（※）	アスパラギン

食事からとらないと不足してしまう！

※大人では非必須アミノ酸のアルギニンは、乳幼児は体内で十分に合成されないため、必須アミノ酸に入る。このため、必須アミノ酸は大人で9種類、乳幼児で10種類になる。

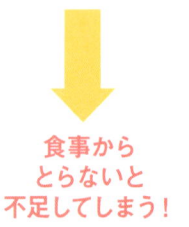

たんぱく質は分解→合成される

たとえば、卵を食べたとしたら、卵のたんぱく質は胃や腸で消化されて、20種類のアミノ酸に分解されます。1つずつに切り離されたアミノ酸は、血液によって細胞に運ばれ、遺伝子の情報に従って結合して、ヒトのたんぱく質として再合成されます。つまり、食べ物のたんぱく質はいったんアミノ酸にまで分解されてから、ヒトのたんぱく質に生まれ変わるのです。

アミノ酸は20種類でも、ヒトの体は10万種類もの異なる構造のたんぱく質で形成されているんですよ。

分解が不十分だとアレルギー反応が

たんぱく質は、アミノ酸にまで分解されれば、アレルギーの原因になることはありません。ただ、赤ちゃんは小腸の粘膜が十分に発達していないので、ペプチドがアミノ酸に分解されずに吸収されてしまうことがあります。すると、IgE抗体のアンテナにひっかかってしまい、アレルギー反応が引き起こされてしまうのです。

たんぱく質はペプチド➡アミノ酸になり消化される

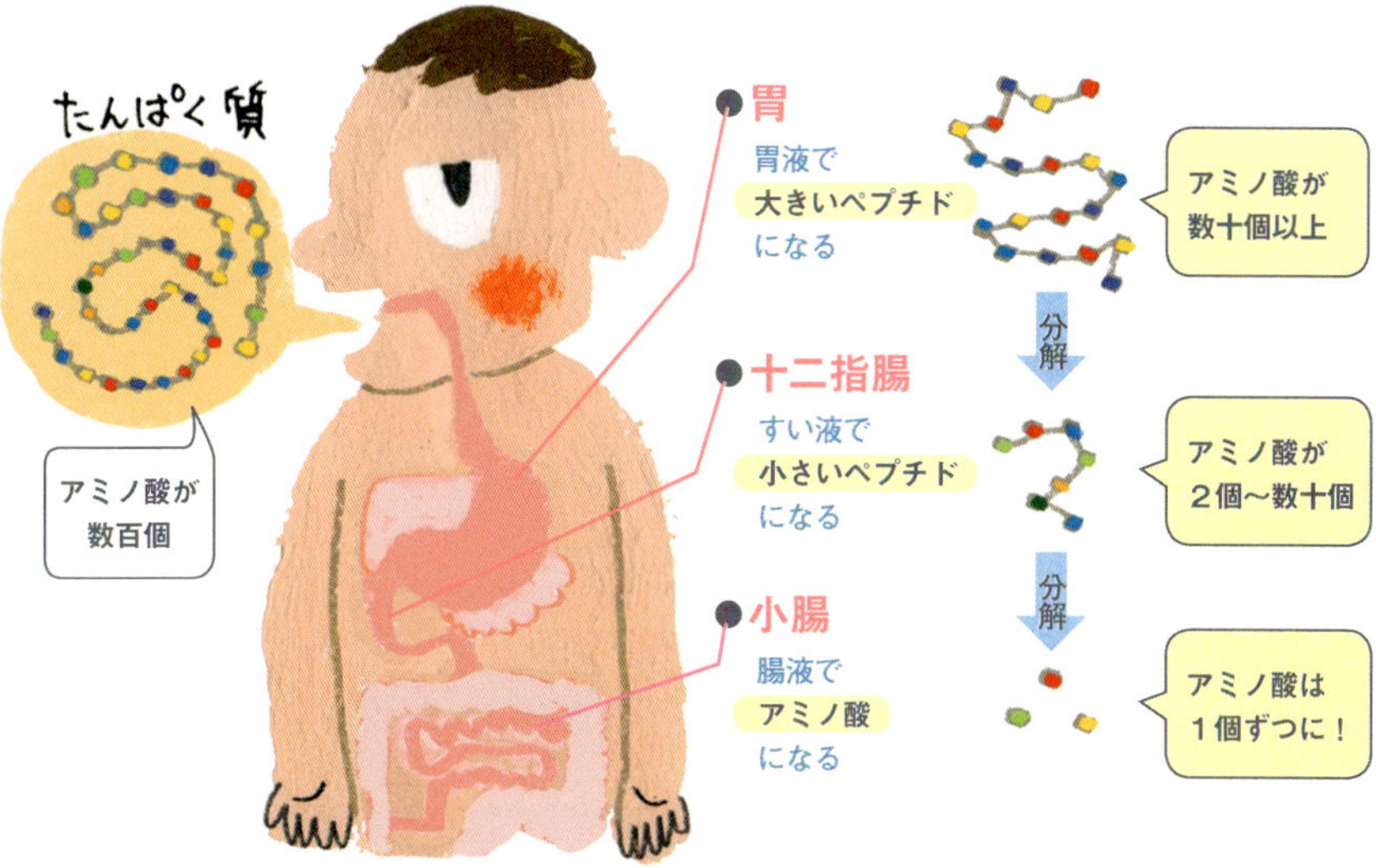

口から入ったたんぱく質は、胃、十二指腸、小腸を経て分解され、最終的には「アミノ酸」になります。

たんぱく質は体をつくる大切な栄養素。成長期には欠かせません

欠乏すると体の成長・発達に遅れも

赤ちゃんはたんぱく質を消化するのが苦手で、食物アレルギーになりやすい、ということをお伝えしました。それでも、離乳食で食べなければいけないのは、たんぱく質は体をつくる主な材料になるからです。成長期には、体を大きくするために、それだけたんぱく質を必要とします。欠乏すると、筋肉や内臓、皮膚などの組織をきちんとつくることができないので、成長や発達に遅れが出てしまいかねません。

日本ではやせ型の女性が多く、たんぱく質不足が問題になっています。大人もたんぱく質をとらないと、体の脂肪だけでなく筋肉量も減り、免疫力や基礎代謝力が落ちてしまいます。

たんぱく質が体をつくっている!

筋肉や内臓、皮膚、髪、血液など、体を構成する細胞の主成分がたんぱく質。体の機能を調節する酵素やホルモン、免疫抗体の材料にもなり、特に子どもの成長には欠かせない栄養素です。

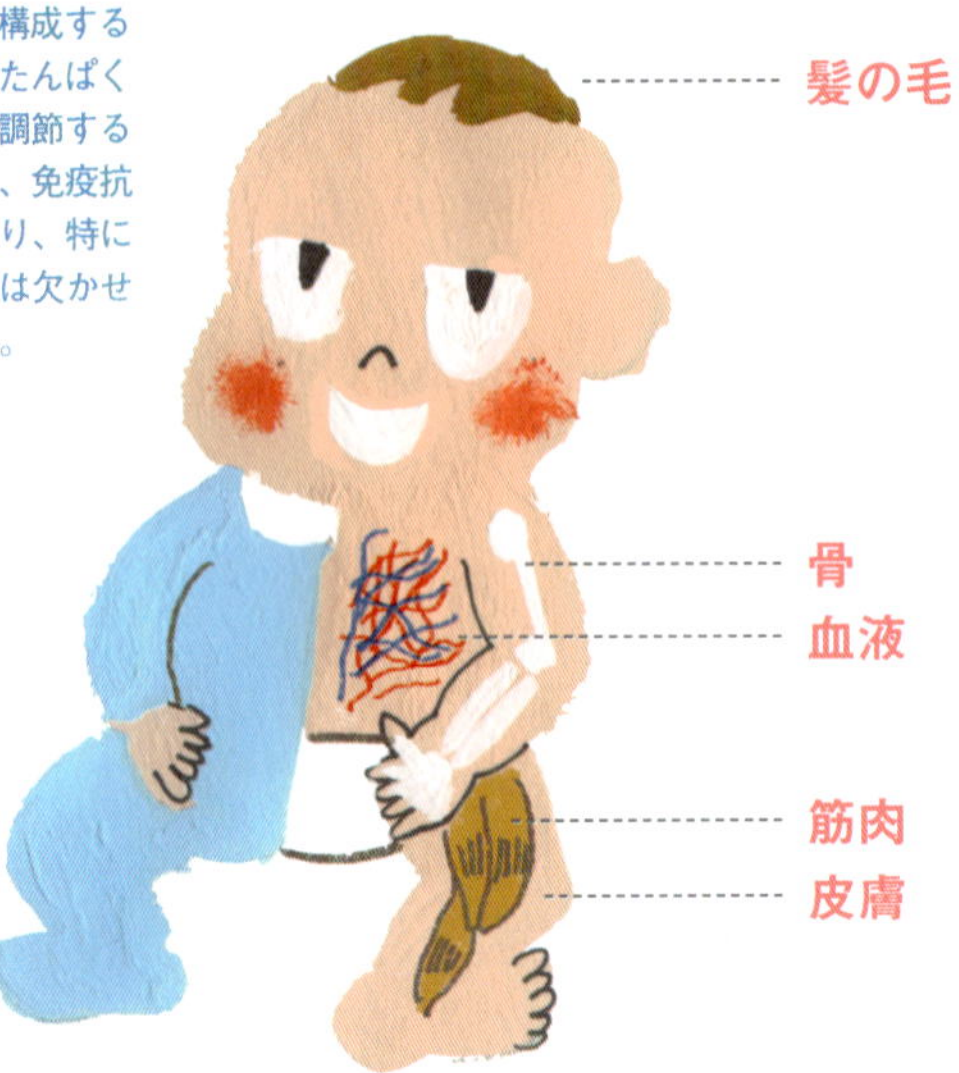

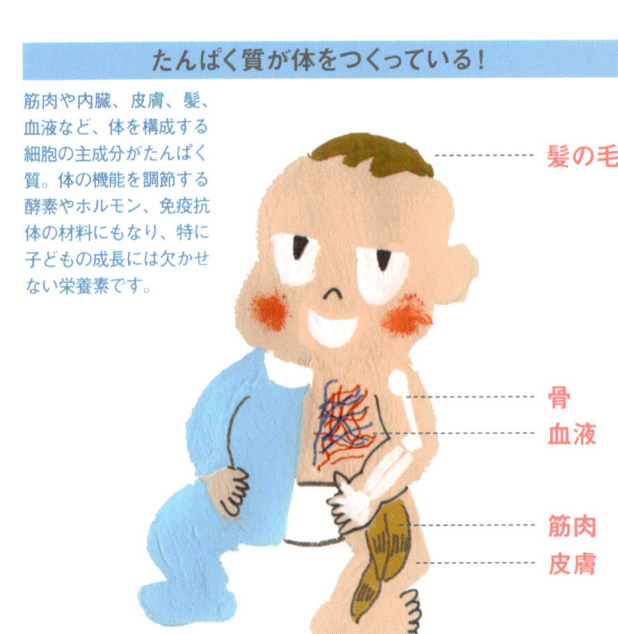

鉄やカルシウム補給にも大切！

たんぱく質源食品は、赤ちゃんの成長にとって重要なミネラルを含んでいることも大きなメリット。

赤身の肉や魚、卵黄は、吸収率のよい動物性の「ヘム鉄」を多く含みます。赤ちゃんはお母さんから鉄をもらって生まれてきますね。その後も母乳やミルクから鉄を摂取できているのですが、生後6カ月以降は鉄の必要量が急増し、一方で、母乳中の鉄は減少してしまいます。そのため、離乳食からとる鉄が不足すると「鉄欠乏性貧血」になるおそれがあります。完全母乳の場合は、特に鉄欠乏性貧血になりやすいので、注意が必要です。

また、乳製品は手軽にカルシウムを補うことができます。カルシウムは、1才過ぎから幼児期にかけて不足しがちです。カルシウムと、カルシウムを骨に定着させるビタミンDの不足から、乳幼児期にくる病（足の骨が変形する病気）になる子もふえています。実はカルシウムは、日本人全体で不足している栄養素。朝は家族でヨーグルトを食べるなど、意識してみてくださいね。

動物性の「ヘム鉄」を多く含む食品

	鉄含有量（100g中）
豚レバー	13.0mg
鶏レバー	9.0mg
和牛もも赤身肉	2.7mg
卵黄	6.0mg

1日の鉄の推奨量

年齢	男	女
0～5カ月	0.5mg※	0.5mg※
6～11カ月	5.0mg	4.5mg
1～2才	4.5mg	4.5mg
3～5才	5.5mg	5.0mg

6カ月以降、鉄の必要量が急増！

1日のカルシウムの推奨量

年齢	男	女
0～5カ月	200mg※	200mg※
6～11カ月	250mg※	250mg※
1～2才	450mg	400mg
3～5才	600mg	550mg

1才以降に不足する子が多い！

※は目安量。

出典：日本人の食事摂取基準（2015年版）
厚生労働省

鉄＋ビタミンC、カルシウム＋ビタミンDで吸収率アップ！

野菜や果物に多いビタミンCは、鉄の吸収を高めるので、たんぱく質といっしょに調理しましょう。また、魚やきのこに多いビタミンDは、カルシウムの吸収や骨への定着をサポート。カルシウムとセットで摂取することで、丈夫な骨や歯をつくります。

め食品」時期別早見表

※食物アレルギーではない場合の一般的な目安量です。食物アレルギーのあるお子さんは、この中から食べられるものを選んでください。

各グループとも「1回の食事に1種類」を使った場合の目安量です

食品グループ	食品	ゴックン期 5〜6カ月ごろ	モグモグ期 7〜8カ月ごろ
5大たんぱく質源 食品グループ	●卵	まだ食べさせません	●卵黄 1さじ〜1個 → ●全卵1/3個
	●乳製品	育児用ミルク以外は与えません	●プレーンヨーグルト 50〜70g ●牛乳55〜75ml ●カテージチーズ 大さじ1弱 ●スライスチーズ1/2枚
	●魚介	すべて1さじ〜10g ●かつおだし ●真鯛 ●ひらめ・かれい ●しらす干し（塩抜き）	すべて10〜15g ●かつお節 ●白身魚 ●しらす干し（塩抜き） ●生鮭 ●まぐろ・かつお ●ツナ缶
	●肉	まだ食べさせません	すべて10〜15g ●鶏ささ身 → ●鶏胸肉 ●鶏もも肉
	●大豆製品	●豆腐 1さじ〜25g ●豆乳1さじ〜大さじ2 ●きな粉少々（湿らせる）	●豆腐30〜40g ●豆乳40〜50ml ●きな粉少々（湿らせる） ●納豆10〜15g
エネルギー源 食品グループ		●10倍がゆ 1さじ〜40g ●じゃがいも 1さじ〜20g 小麦製品は6カ月以降に	●5倍がゆ 50〜80g ●じゃがいも 45〜75g ●食パン 15〜20g ●コーンフレーク 10〜15g ●ゆでうどん 35〜55g ●そうめん（乾燥）10〜15g
ビタミン・ミネラル源 食品グループ		すべて野菜10g＋果物5g かぼちゃ、トマト、にんじん、ほうれんそう、ブロッコリー、キャベツ、大根、なす、りんご、いちご、みかん、ぶどうなど、食べやすく調理できる野菜と果物はすべてゴックン期からOK	すべて野菜15〜20g＋果物5〜10g のり、ひじきなどの海藻もモグモグ期からOK

離乳食にとり入れたい「おすす

パクパク期 1才〜1才6カ月ごろ	カミカミ期 9〜11カ月ごろ
●全卵1/2〜2/3個	●全卵1/2個
●プレーンヨーグルト100g ●牛乳110mℓ ●カテージチーズ大さじ2弱 ●スライスチーズ1枚弱	●プレーンヨーグルト80g ●牛乳90mℓ ●カテージチーズ大さじ1.5 ●スライスチーズ2/3枚
すべて15〜20g ●かつお節 ●白身魚 ●しらす干し（塩抜き） ●生鮭 ●まぐろ・かつお ●ツナ缶 ●あじ・いわし ●さんま ●ぶり・さば ●かき・ほたて ●あさり・しじみ	すべて15g ●かつお節 ●白身魚 ●しらす干し（塩抜き） ●生鮭 ●まぐろ・かつお ●ツナ缶 ●あじ・いわし ●さんま ●ぶり ●かき・ほたて ●あさり・しじみ
すべて15〜20g ●鶏ささ身 ●鶏胸肉 ●鶏もも肉 → ●牛赤身肉 ●豚赤身肉 ●レバー → ●牛豚合いびき肉	すべて15g ●鶏ささ身 ●鶏胸肉 ●鶏もも肉 → ●牛赤身肉 ●豚赤身肉 ●レバー
●豆腐50〜55g ●豆乳90mℓ ●きな粉少々（湿らせる） ●納豆20g ●水煮大豆25g	●豆腐45g ●豆乳80mℓ ●きな粉少々（湿らせる） ●納豆18g ●水煮大豆20g
●軟飯90g〜ごはん80g ●じゃがいも140〜175g ●食パン40〜50g ●コーンフレーク30〜35g ●ゆでうどん105〜130g ●そうめん（乾燥）30〜40g ●パスタ（乾燥）30〜35g ●中華蒸しめん55〜70g	●5倍がゆ90g〜軟飯80g ●じゃがいも85〜125g ●食パン25〜35g ●コーンフレーク15〜25g ●ゆでうどん60〜90g ●そうめん（乾燥）20〜30g ●パスタ（乾燥）15〜25g
すべて野菜30〜40g＋果物10g	すべて野菜20〜30g＋果物10g きのこも食べやすく調理すればOK

次ページからは5大たんぱく質源食品＋小麦製品のはじめ方&進め方をアドバイス

卵・卵製品

赤ちゃんに最も多いアレルゲンだから、心配になりますね。ただ、卵は栄養面ではとても優秀。特徴をよく理解して自己判断で除去をせずに食べさせてあげてください。

どんな栄養があるの？

必須アミノ酸をバランスよく含む良質なたんぱく質と、鉄も豊富！

卵は、ひながかえるのに必要な栄養が凝縮されているため、ビタミンCと食物繊維以外の栄養素をすべて含む、ほぼ完全な栄養食品。すべての必須アミノ酸（P.40参照）をバランスよく含む、たんぱく質の優等生です。卵黄には血液の材料になる鉄が多く含まれるため、9カ月以降の赤ちゃんの貧血予防にもなります。

離乳食向けにやわらかく調理しやすく、食べさせやすい点も魅力です。食物アレルギーをおそれて食べさせないお母さんも多いですが、栄養と使いやすさを考えるともったいないですね。湿疹など気になる症状がなければ、7～8カ月ごろ、ごく少量からはじめてみましょう。

食物アレルギーの特徴は？

多くは卵白のたんぱく質が原因。加熱によりアレルゲン性が低下する

鶏卵のアレルゲンの大部分は卵白のたんぱく質なので、卵黄のアレルゲン性は強くありません。そのため、離乳食は卵黄からスタートします。また、除去している場合も、卵黄から食べられるようになるのが一般的です。

加熱によってアレルゲン性が低下し、アレルギー症状を起こしにくくなります。温度が高いほど、また、加熱時間が長いほどアレルゲン性が低くなるため、離乳食では念のため20分ほどしっかりゆでた「かたゆで卵黄」から食べはじめることをおすすめしています。

卵アレルギーでも、鶏肉はたんぱく質の種類が異なるため、多くの場合で除去する必要はありません。

●目安は 7 ～ 8 カ月ごろ

●はじめのひと口は「かたゆで卵黄」から

※すでにアレルギー科を受診し、離乳食の進め方について相談している場合は、医師の指示に従ってください(P.31参照)。

基本の下ごしらえ

卵黄をごく少量すくう

卵白を割って卵黄をとり出し、卵黄を半分に割り、中央部分から「耳かき1杯程度」をスプーンですくいます。心配なら、まずはこの量から。

熱湯で20分ゆでる

熱湯で20分ゆでることで、完全に中まで火の通った「かたゆで卵」になります。かたゆでなら、卵黄に卵白がまじることなく分けられます。

形状チェック!

赤ちゃんスプーン1さじを与える

かたゆで卵黄を湯冷まし(育児用ミルクなどでも)でのばし、トロトロに。

少しずつ量をふやしましょう

OK だったら

卵黄を食べたあと、体調に変化がなければ、はじめのひと口はクリア。卵黄1個まで食べられるように、卵黄の量を少しずつふやしていきます。

こんなときは 受診

- 食べたあと、すぐに顔や体が赤くなる
- 食べるとすぐ嘔吐する

← P.112 へ

卵黄ボーロからはじめてはダメ?

卵白の混入がゼロではない

卵黄ボーロ(高温処理食品)は安全に食べられる可能性が高いですが、卵白の混入が全くないとはいい切れないので、かたゆで卵黄を推奨しています。

卵白はいつからはじめる?

卵黄1個まで食べられてから

卵黄1個を食べられたら、同じように熱湯で20分ゆでた卵白をごく少量からはじめます。刻んだかたゆで卵白と卵黄をまぜてあげても食べやすくなります。

卵

1食分の目安量

卵黄を1個まで食べられたら、卵白もしっかり加熱して少しずつスタートしましょう。

全卵 ⅓個

卵黄 1 個

モグモグ期 7~8カ月ごろ

とき卵にふんわり火を通して

卵と青菜のスープ

材料（1回分）

とき卵…⅓個分

ほうれんそうの葉…15g（大3枚）

だし…80mℓ

水どきかたくり粉…少々

作り方

①ほうれんそうはやわらかくゆで、こまかく刻む。

②鍋にだしを煮立て、①を加える。水どきかたくり粉で軽くとろみをつけ、とき卵を流し入れて火を通す。

甘みとコクがあっておいしい♥

かぼちゃの卵黄サラダ

材料（1回分）

卵黄（かたゆでにしたもの）…1個

かぼちゃ…20g（2㎝角2個）

作り方

①かぼちゃは皮と種を除き、ラップに包んで電子レンジで約40秒加熱し、あら熱がとれたらラップごともみつぶす。

②器に①を入れ、卵黄をくずしながら加えてまぜ、湯冷ましで食べやすいかたさにのばす。

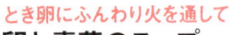

●1食分の目安量は、たんぱく質源食品1種類を使用した場合の目安です。2種類以上のたんぱく質源食品を使う場合は、量をそれぞれ減らしてください。
●食べる量は個人差が大きいので、分量はあくまでも目安。赤ちゃんの食欲や成長・発達に合わせて調整してください。

全卵½～⅔個

全卵½個

パクパク期 1才～1才6カ月ごろ

カミカミ期 9～11カ月ごろ

焼くだけで手づかみOK

卵ごはんの落とし焼き

材料(1回分)

とき卵…⅔個分

ごはん…50g(子ども茶わん半分)

オリーブ油…少々

作り方

①ごはんにとき卵を加え、よくまぜる。

②フライパンにオリーブ油を熱し、①をスプーンでひと口大に落とし入れ、両面をしっかり焼く。

トマトの酸味が卵とマッチ!

トマトの卵いため

材料(1回分)

とき卵…½個分

トマト…30g(⅕個)

植物油…少々

作り方

①トマトは皮と種を除き、あらみじん切りにする。

②フライパンに植物油を熱し、①をさっといためる。とき卵を流し入れ、かきまぜながら火を通す。

卵を除去する

赤ちゃんの 離乳食の「困った!」を解決

卵が食べられなくてもあわてないで！
同じ役割をしてくれる食品を見つければ大丈夫。

調理／ほりえさわこ先生

卵を除去する場合、何で栄養を補えばいい？

↓

ほかのたんぱく質源食品を

卵と同様に、必須アミノ酸バランスが優秀な肉や魚をとり入れましょう。赤身の肉や魚には、動物性のヘム鉄も豊富です。大豆製品や乳製品も、良質なたんぱく質源食品です。

肉

魚

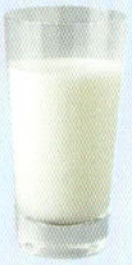
乳製品

大豆製品

メニューに黄色の彩りがほしくなったら？

↓

かぼちゃ、さつまいも、コーンなど黄色い野菜やいもを活用！

かぼちゃやさつまいもは、甘くてつぶしやすく、離乳食で人気の食材。クリームコーン缶も手軽ですが、薄皮が入っているので、食べにくければ裏ごししましょう。

パクパク期1才～1才6カ月ごろ

かぼちゃのロールサンド

材料（1回分）

蒸しかぼちゃ…30g
粉チーズ…小さじ1（なしでもOK）
食パン…15g（サンドイッチ用1枚）

作り方

かぼちゃをつぶして粉チーズをまぜる。食パンにぬって巻き、ひと口大に切る。

モグモグ期 7～8カ月ごろ

スイートポテト風

材料（1回分）

蒸しさつまいも…30g
豆乳（または水）…適量

作り方

さつまいもをつぶし、豆乳で食べやすいかたさに調節する。

「野菜フレーク」も便利

野菜を加熱・裏ごしし、乾燥させてあり、おかゆや蒸しパンなどにまぜて使いやすい！

ハンバーグやつくねはどうする？

↓

豆腐やかたくり粉をまぜてやわらかく

卵を使わなくても、豆腐とかたくり粉をまぜると、ふっくらやわらかく焼けますよ！
牛乳（豆乳）にひたしたパン粉（米パン粉）も、肉だねのつなぎになります。

カミカミ期 9〜11カ月ごろ

豆腐入りふわふわハンバーグ

材料（1回分）

豚ひき肉…10g

豆腐…15g

かたくり粉…小さじ1

作り方

①すべての材料をよくまぜ、2等分して俵形に成形する。

②フッ素樹脂加工のフライパンに並べ、ふたをして弱めの中火で両面を焼き、火を通す。好みでだし大さじ2、かたくり粉としょうゆ各少々をまぜて加熱し、とろみをつけてかける。

卵抜きのおやつはどうする？

↓

ホットケーキミックスで手作りもOK

市販の卵不使用のお菓子もありますし、手作りするならホットケーキミックス（卵の含有を確認）が簡単です。生地には、卵の代わりに野菜のすりおろしを入れて栄養アップ！

パクパク期1才〜1才6カ月ごろ

野菜入りパンケーキ

材料（3回分・冷凍OK）

ホットケーキミックス
…25g（大さじ3）

じゃがいもすりおろし
…大さじ3

にんじんすりおろし…大さじ3

プレーンヨーグルト（または豆乳）
…大さじ3

粉チーズ…小さじ1

※粉チーズはなしでもOK。

作り方

①すべての材料をまぜ合わせる。

②フライパンを弱めの中火で熱し、1をスプーンで好みの大きさに落とす。

③ふたをして表面がプツプツしたら返し、再びふたをして両面をこんがりと焼く。

**カミカミ期
9〜11カ月ごろ
のアレンジ**

プレーンヨーグルト（豆乳）を大さじ4にし、同様に作って1cm大に切る。

卵・卵製品

赤ちゃんが 食べて いいもの悪いもの

1才までは、卵黄も卵白もしっかり加熱して与えるのが鉄則です。
卵は多くの加工食品に日常的に使われているので
除去している場合は表示をこまかくチェックしましょう。

卵ア	卵アレルギーがある。
ゴ	ゴックン期 5〜6カ月
モ	モグモグ期 7〜8カ月
カ	カミカミ期 9〜11カ月
パ	パクパク期 1才〜1才6カ月

○	食べやすいかたさや形状に調理し、適量ならOK
△	「様子を見ながら少しだけ」など条件つき
×	卵アレルギーの子はNG、または、塩分や脂肪分が多いため赤ちゃんには不向き

生卵（鶏卵、うずらの卵）

卵ア	×
ゴ	×
モ	×
カ	×
パ	×

生はアレルギーが心配！ 衛生面でも赤ちゃんには厳禁

鶏卵もうずら卵も、生卵のたんぱく質はアレルギーを引き起こす力がとても強いので、内臓の未熟な赤ちゃんには厳禁。細菌の汚染による食中毒の心配もあります。生卵を含むマヨネーズも、1才までは加熱を（P.100参照）。

半熟卵

卵ア	×
ゴ	×
モ	×
カ	×
パ	○

おいしい半熟状の卵は 体力のつく1才過ぎから

半熟卵は味がよく、消化吸収もよいので大人にはおすすめです。しかし、しっかり加熱していないため、赤ちゃんにはアレルギーと食中毒のおそれが。半熟状がおいしいオムレツや卵とじも、1才前は完全に火を通しましょう。

市販の卵豆腐・卵焼き

卵ア ×
ゴ ×
モ ×
カ ×
パ △

塩分や砂糖が多いので
1才を過ぎても少量にして

市販の卵豆腐は口当たりがなめらかですが、塩分や添加物が多く含まれるものもあります。卵焼きは砂糖や調味料での味つけが濃く、はちみつが含まれているものも。いずれも1才を過ぎてから、ごく少量にとどめましょう。

温泉卵

卵ア ×
ゴ ×
モ ×
カ ×
パ ○

考え方は半熟卵と同じ。
1才過ぎから少量ずつ試して

黄身はほぼかたまり、白身は半熟状のゆで卵です。60〜70度の温泉に30分以上つけておくとできるのでこの名前に。市販品が出回っていますが、加熱温度が低く、白身が半熟。1才までは食べさせないほうが安心です。

卵アレルギーの子はCheck!

加工食品のアレルギー表示について

- 多くの場合食べられるので主治医に相談
  ↓
  卵殻カルシウム
- 食べるのに注意
  ↓
  レシチン（卵由来）

表示をよく確認する

- パン
- 中華めん
- スパゲティ
- かまぼこやちくわなどのねり製品
- ハムやウインナーなどの肉加工品

食べてはいけない注意したい

- クッキー
- ボーロ
- ケーキ
- プリン
- アイスクリームなど
- マヨネーズ
- タルタルソース
- 揚げ衣（から揚げ、天ぷら、フライなど）
- 市販のハンバーグ
- つくね

牛乳・乳製品

卵に次いで、赤ちゃんに多いアレルゲンです。とはいえ、育児用ミルクを飲んでいるのなら大丈夫！牛乳もヨーグルトも心配せずにはじめてください。

どんな栄養があるの？

たんぱく質と、骨や歯を育てるカルシウムを手軽にとれる食品

良質なたんぱく質やカルシウムを多く含む乳製品は、成長のめざましい乳幼児期には積極的にとりたい食品。カルシウムは、骨や歯の形成に欠かせない栄養素です。1～2才でカルシウムは1日４５０㎎（男）・４００㎎（女）が推奨量ですが、だいたい牛乳１００㎖で、カルシウム１００㎎をとることができます（しらす干しなら大さじ3杯に相当）。1才以降、母乳にかえて牛乳を飲むことができれば、最も手軽にカルシウムを補えます。

また、離乳食の調理では、7カ月以降から乳製品を使ってＯＫ。プレーンヨーグルトのとろみを利用したり、牛乳でミルク風味にすると、メニューの幅が広がります。

食物アレルギーの特徴は？

加熱してもアレルゲン性は低下しないので、微量でも要注意

主な原因になる「カゼイン」というたんぱく質は耐熱性があり、沸騰させた程度の加熱ではアレルギーを起こす力は弱まりません。発酵してもカゼインは分解されにくいため、ヨーグルトなどの加工食品にも注意が必要です。ごく微量でもアナフィラキシーを起こすことがあり、学童期になっても治りにくい子が少なくありません。

牛乳アレルギーの子のカルシウム摂取量は、そうでない子の半分との報告も。牛乳・乳製品を除去する場合は、カルシウムの豊富な食品を意識してとり入れましょう。

牛乳アレルギーであっても、しっかり加熱調理した牛肉は問題なく食べられます。

離乳食開始まで

完全母乳で育てている

↓

育児用ミルクや牛乳・乳製品を与えるときは様子を見ながら

完全母乳で育てている赤ちゃんに育児用ミルクや牛乳、乳製品を与えるときは、まれに牛乳アレルギーを発症することがあります。その後の体調の変化に気をつけてください。

うちの子の場合

久しぶりのミルクで全身に発疹が！

5カ月のとき、新生児期以来、久しぶりに育児用ミルクをあげたら全身に発疹が！　抗ヒスタミン剤（シロップ）を服用したら、すぐに治りました。今も牛乳と表示のあるものは慎重に与えています。Rくん（10カ月）・ETママ

離乳食開始まで

育児用ミルクを与えている

↓

牛乳アレルギーの心配はありません

育児用の粉ミルクも、プレーンヨーグルト・チーズなどの乳製品も、すべて主原料は牛乳です。ですから、育児用ミルクを飲んでいれば、牛乳・乳製品は問題なくはじめられます。

これらのアレルゲンはみんな同じ

牛乳　プレーンヨーグルト　バター　育児用ミルク　チーズ

Q アレルギー用ミルク、ペプチドミルクってどんなもの？

A 牛乳アレルギーの子はアレルギー用ミルクを医師に相談して選んで

アレルギー用ミルクは、牛乳アレルギーがある場合に、母乳や育児用ミルクの代替として利用できます。ペプチドミルクは、牛乳たんぱく質を消化吸収のよいペプチドにしたアレルゲン性の低いミルクですが、牛乳アレルギーの子向けではありません。いずれも医師に相談して、合う商品を選びましょう。

アレルギー用ミルク　　ペプチドミルク

Q 牛乳と育児用ミルク、フォローアップミルクってどう違うの？

A 母乳の代わりに与える場合は、9カ月までは育児用ミルクを

育児用ミルクは母乳に代わる栄養を含む、母乳の代替品。フォローアップミルクはたんぱく質量が多く体に負担がかかるため、9カ月以降に。食事から鉄を摂取できていれば、あえて使う必要はありません。牛乳は鉄の吸収率が悪いため、母乳の代替としてはNG。1才以降のカルシウム補給に役立てましょう。

	0カ月	9カ月	1才
母乳	◎	◎	○
育児用ミルク	◎	◎	○
フォローアップミルク	×	◎	◎
牛乳	×	×	◎

◎与えてもよい時期
○与えても差し支えない時期
×与えてはいけない時期

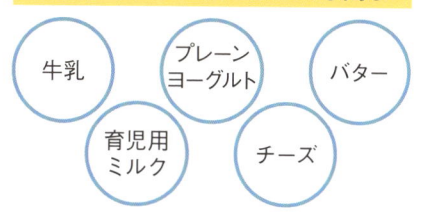

乳製品 1食分の目安量

プレーンヨーグルトのとろみは、離乳食にぴったり。牛乳やチーズも洋風の味つけに活躍。

プレーンヨーグルト 70g

ほかの食品では
牛乳 75mℓ
スライスチーズ ½枚

プレーンヨーグルト 50g

ほかの食品では
牛乳 55mℓ
スライスチーズ ½枚

モグモグ期 7～8カ月ごろ

バナナの甘みが酸味をカバー

バナナとトマトのヨーグルトあえ

材料（１回分）

プレーンヨーグルト…70g（大さじ４½）
バナナ…65g（½本）
トマト…20g（⅛個）

作り方

①トマトは皮と種を除き、こまかく刻む。
②バナナはすり鉢でつぶし、①とヨーグルトを加えてまぜる。

くだいたシリアルがしっとり♪

にんじんシリアルヨーグルト

材料（１回分）

プレーンヨーグルト…50g（大さじ３強）
コーンフレーク…７g（⅓カップ）
にんじん…20g（２㎝角２個）

作り方

①にんじんは皮をむいてすりおろし、耐熱容器に入れてラップをかけ、電子レンジで約40秒加熱する。
②ヨーグルトにコーンフレークをこまかくくずして入れ、５分ほどおく。
③②がふやけたら、①を加えてよくまぜる。

●1食分の目安量は、たんぱく質源食品1種類を使用した場合の目安です。2種類以上のたんぱく質源食品を使う場合は、量をそれぞれ減らしてください。
●食べる量は個人差が大きいので、分量はあくまでも目安。赤ちゃんの食欲や成長・発達に合わせて調整してください。

プレーンヨーグルト 100g

ほかの食品では 牛乳 110mℓ
スライスチーズ 1 枚弱

プレーンヨーグルト 80g

ほかの食品では 牛乳 90mℓ
スライスチーズ 2/3 枚

パクパク期 1才~1才6カ月ごろ

カミカミ期 9~11カ月ごろ

ラップで包んで成形して

にんじんとチーズのロールサンド

材料(1回分)

スライスチーズ…1枚弱(14g)
にんじん…40g(大1/5本)
サンドイッチ用食パン…2枚
*小麦・卵アレルギーの場合は米粉パンにしてください。

作り方

①にんじんは皮をむいてすりおろし、耐熱容器に入れてラップをかけ、電子レンジで約1分加熱する。水分が多ければ軽く水けをきる。
②スライスチーズは半分に切る。
③ラップの上に食パン1枚をおき、①、②を半量ずつのせて巻く。ラップで包んで形をととのえ、ひと口大に切る。もう1本も同様に作る。

おかゆ&ミルクでクリーミー!

さつまいものミルクリゾット

材料(1回分)

牛乳…大さじ2
粉チーズ…小さじ1/2
さつまいも…50g(1/5本)
5倍がゆ…40g(大さじ3弱)
*5倍がゆは米1:水5の割合で炊いたものです。

作り方

①さつまいもは皮を厚めにむき、水にさらしてアクを抜き、やわらかくゆでて7mm角に切る。
②小鍋に5倍がゆ、①、牛乳を入れて弱火で熱し、全体をなじませる。
③器に盛り、粉チーズをふる。

牛乳・乳製品を除去する

赤ちゃんの離乳食の「困った！」を解決

牛乳は豆乳、バターはオリーブ油で代用OKです。
カルシウムを意識的に補いましょう。

調理／ほりえさわこ先生

乳製品を除去する場合、何で栄養を補えばいい？

カルシウムの豊富な食品を

カルシウムの豊富なしらす干しやひじき、大豆製品（豆腐・納豆など）、小松菜などを積極的に！　また、牛乳の代わりに豆乳やアレルギー用ミルクを活用してカルシウム補給を。

しらす干し

ひじき

大豆製品

小松菜

モグモグ期 7～8カ月ごろ

小松菜ふりかけ

材料（作りやすい分量）

小松菜（ゆでたもの）…50g

作り方

①小松菜はよく水けをしぼってこまかく刻み、さらにキッチンペーパーに包んでしぼる。キッチンペーパーを敷いた耐熱皿に広げ、ラップをせずに電子レンジで2分加熱する。

②ひとまぜしてさらに1～2分加熱し、これを繰り返して好みの乾燥状態にする。カリカリになったら指先でつぶすとこまかくなる。

ヨーグルトの代わりになるものは？

豆乳ヨーグルトが市販されています

豆乳を乳酸菌で発酵させて作る「豆乳ヨーグルト」は、牛乳アレルギーの赤ちゃんにもOK。風味や食感はよく似ているので、ヨーグルトの代替品として使えます。

とろみが
食べやすく
離乳食期から
使えます！

ミルクスープやミルク煮はどうする？

↓

豆乳やアレルギー用ミルクで代用を

離乳食のレシピの「牛乳」は、「豆乳」や規定量の湯でといた「アレルギー用ミルク」で代用できます。アレルギー用ミルクは粉のまま調理に使ってもかまいません。

モグモグ期 7〜8カ月ごろ

ほうれんそうのミルク煮

材料（１回分）

ほうれんそうの葉…15g（大３枚）
野菜スープ…大さじ１
アレルギー用ミルク…小さじ½

作り方

①ほうれんそうはゆでてこまかく刻む。耐熱容器に入れて野菜スープを加え、ラップをせずに電子レンジで約30秒加熱する。

②アレルギー用ミルクを加えてまぜる。

鉄・カルシウムの補給にも！

POINT

アレルギー用ミルクは粉のまま仕上げに

煮込むと独特のくさみが出るので、熱々のスープや煮物に加え、さっとまぜてとかします。

バターを使うソテーやムニエルは？

↓

オリーブ油やココナッツ油で問題なし

洋風のソテーやムニエルは、バターの代わりに「オリーブ油」を使えば問題なし！
女性に人気の「ココナッツ油」も、家にあれば赤ちゃんに使ってかまいません。

ココナッツ油

ビタミンEを豊富に含んでいて、抗酸化力が高くヘルシーな油。植物油として使ってOK。

オリーブ油

洋食と相性のいい油。オレイン酸を多く含み、酸化しにくいので加熱調理に向いています。

カミカミ期 9〜11カ月ごろ

白身魚のソテー ブロッコリーソース

材料（１回分）

白身魚…15g（切り身⅙切れ）
ゆでブロッコリー…25g（小房２個）
野菜スープ…大さじ２
水どきかたくり粉…少々
オリーブ油…小さじ½

作り方

①フライパンにオリーブ油を熱し、白身魚の両面を焼いて火を通す。

②鍋に刻んだブロッコリー、野菜スープを入れて煮立て、水どきかたくり粉でとろみをつける。器に盛り、①をのせる。

牛乳・乳製品

赤ちゃんが食べていいもの悪いもの

含まれるたんぱく質や脂肪の量で食べられる量も違うので気をつけて。

乳ア	牛乳アレルギーがある。
ゴ	ゴックン期 5～6カ月
モ	モグモグ期 7～8カ月
カ	カミカミ期 9～11カ月
パ	パクパク期 1才～1才6カ月

○ 食べやすいかたさや形状に調理し、適量ならOK

△ 「様子を見ながら少しだけ」など条件つき

× 牛乳アレルギーの子はNG、または、塩分や脂肪分が多いなど赤ちゃんには不向き

育児用ミルク

乳ア	×
ゴ	○
モ	○
カ	○
パ	○

主成分は牛乳のたんぱく質。生後すぐから母乳の代替品

牛乳を原料として、できる限り母乳の成分に近くなるように配合されています。母乳が足りないときに代わりに飲ませることができます。また、離乳食では苦手な食材をミルク味にすることで、食べてくれることも。

スキムミルク

乳ア	×
ゴ	×
モ	○
カ	○
パ	○

牛乳と同様に、調理に使うなら7カ月以降からOK

牛乳から乳脂肪（クリーム）を除いた脱脂乳を粉末にしたものです。脂肪はほとんど含まれないため、低エネルギーでたんぱく質とカルシウムが豊富。牛乳と同じように、ミルク味の調理に使います。湿気に注意して保存を。

牛乳

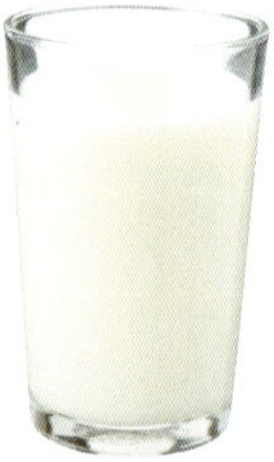

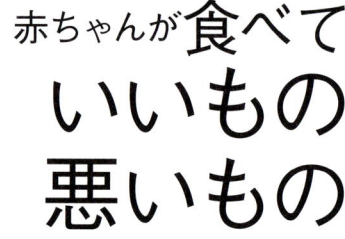

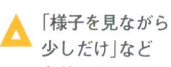

乳ア	×
ゴ	×
モ	○
カ	○
パ	○

母乳の代替にはならない。飲み物としては1才以降に

栄養豊富ですが、鉄の含有量が少なく吸収率も悪いので、母乳・育児用ミルクの代替にはなりません。飲み物としては、1才以降に与えてカルシウムを補給して。ミルク煮などの調理にはモグモグ期（7～8カ月）からOKです。

加糖ヨーグルト

乳ア ×
ゴ ×
モ ×
カ △
パ △

**赤ちゃん向きの商品でも
糖分が多いので控える**

はじめての乳製品として食べさせると、甘くて口当たりがよく、つい量を与えて食物アレルギーの症状が強く出る可能性が。糖分を多く含むので、原則としては１才以降に。ほしがっても量を控えましょう。

プレーンヨーグルト

乳ア ×
ゴ ×
モ ○
カ ○
パ ○

**消化吸収のよい発酵食品。
とろみが離乳食にぴったり！**

牛乳を発酵させただけで、砂糖や香料は無添加。腸の善玉菌をふやして便秘や下痢を改善したり、免疫力を高める効果が期待されています。適度なとろみがあるので、食べにくい野菜やいも、魚などをあえるのに活用できます。

生クリーム

乳ア ×
ゴ ×
モ ○
カ ○
パ ○

**乳脂肪が豊富なので
油脂の仲間と考えればOK**

風味がよく、消化吸収のよい乳脂肪が豊富に含まれています。乳製品というより、赤ちゃんに向く油脂の仲間と考えて、あえ物などに。１回量はモグモグ期小さじ１、カミカミ期小さじ1.5、パクパク期小さじ２までに。

カテージチーズ

乳ア ×
ゴ ×
モ ○
カ ○
パ ○

**低塩、低脂肪だから
モグモグ期以降におすすめ**

脱脂乳や脱脂粉乳から作り、クセのない淡泊な味。たんぱく質が多く、脂肪と塩分が少ないため離乳食には最適です。１回の目安量はモグモグ期大さじ１弱、カミカミ期大さじ1.5、パクパク期大さじ２弱くらいです。

ピザ用チーズ

乳ア ×
ゴ ×
モ ○
カ ○
パ ○

成分はスライスチーズと同じ。味つけに使う程度にして

製品によって使われているチーズの種類が違い、風味も多少違います。加熱によってとけ、オーブン焼きのメニューに便利です。脂肪分や塩分が多く、考え方はスライスチーズと同じ。味つけに使う程度にして、量は控えめに。

スライスチーズ

乳ア ×
ゴ ×
モ ○
カ ○
パ ○

たんぱく質も脂肪分・塩分も多いので、量に注意して

良質のたんぱく質源食品ですが、たんぱく質、脂肪分、塩分が多いので食べすぎに注意しましょう。スライスチーズ（1枚18g）の場合、1回量はモグモグ期$\frac{1}{2}$枚、カミカミ期$\frac{2}{3}$枚、パクパク期1枚弱を目安にします。

クリームチーズ

乳ア ×
ゴ ×
モ ×
カ △
パ △

脂肪分が33%以上もある。少量をあえ物などに使ってみて

たんぱく質と塩分は少なく、脂肪分が33%以上と多い食品です。まろやかな風味は赤ちゃん好みですが、くれぐれも量は控えめに。バターの代わりにごく少量をパンにぬったり、果物に加えてあえるなど、じょうずに利用を。

モツァレラチーズ

乳ア ×
ゴ ×
モ ○
カ ○
パ ○

なめらかでやさしい味でも意外に高たんぱく＆高脂肪

本来の原料は水牛の乳ですが、現在は牛乳から作るものがほとんど。淡泊なのでつい量を食べてしまいがちですが、たんぱく質と脂肪分は多めです。1回量はモグモグ期10g、カミカミ期15g、パクパク期20gまでに。

マーガリン

乳ア ×
ゴ ×
モ ×
カ ×
パ ×

トランス脂肪酸を含むから赤ちゃんには不向き！

植物性油脂を固めるための加工の過程で、今問題になっているトランス脂肪酸が多く含まれます。赤ちゃんにはバターを。悪玉といわれるLDLコレステロールを増加させ、善玉といわれるHDLコレステロールを減らす作用も。

バター

乳ア ×
ゴ △
モ ○
カ ○
パ ○

はじめての油脂としてゴックン期後半から使える

消化吸収のよい乳脂肪。離乳食スタートから1カ月ほどたって数種類の食品に慣れてきたら、はじめての油脂としてポタージュやバター煮などに使えます。できれば無塩のものを選んでごく少量にとどめます（P.101参照）。

乳アレルギーの子はcheck!

加工食品のアレルギー表示について

- 食べられる
  ↓
  乳化剤
  乳酸カルシウム
  乳酸菌
  ピーナッツバター
- 多くの場合食べられるので主治医に相談
  ↓
  乳糖
- 食べるのに注意
  ↓
  ホエイ・カゼイン・クリーム
  (必ず乳由来などと併記される)

食べてはいけない・注意したい

- ホワイトソース、シチュー、グラタン
- アイスクリーム、プリン
- 乳酸菌飲料

表示をよく確認する

- パン
- ハム、ベーコン、ソーセージ
- 市販のカレールウ
- チョコレート、市販の菓子
- 清涼飲料

小麦・小麦製品

多くのめん類やパン、お菓子などが小麦製品。離乳食では煮込みうどんやパンがゆが手軽ですが、はじめて食べるときは少量から。

どんな栄養があるの？

小麦製品の主成分はでんぷん。体を動かすエネルギー源になる

世界で広く主食になっているパンやめん類などの小麦製品は、主成分はでんぷん（糖質）。消化吸収に優れ、利用されやすいエネルギー源です。たんぱく質も多く含まれています。小麦たんぱくの80％を占めるグルテンは、小麦粉を水でこねたときに形成される弾力のあるたんぱく質で、強力粉・中力粉・薄力粉の違いは、主にこのグルテンの含有量の違いによるものです。

離乳食では、食物アレルギー発症の可能性が少なく、消化吸収のよい米がゆからはじめます。小麦製品のスタートは、おかゆに慣れてからにしましょう。小麦を除去する場合も、米を食べられれば栄養面では問題ありません。

食物アレルギーの特徴は？

アレルギー症状を起こす力の強さは小麦たんぱく質の量で決まる

小麦製品のアレルゲン性は、原材料となる小麦粉の種類とは関係なく、その食品に含まれる「小麦たんぱく質の量」で決まります。粉を吸い込んだり、肌にふれることで症状が出ることもあり、微量で強く反応する子もいます。離乳食開始前から湿疹があるなど、食物アレルギーが不安な場合は特に、ごく少量から試すのが安全。

大麦やライ麦は、小麦アレルギーがあると反応することがあります。オート麦とハトムギは反応が少ないと考えられ、麦茶はほぼ飲むことができます。また、しょうゆや酢に使われる小麦は醸造の過程でたんぱく質が分解されているため、多くの場合は摂取できます。

●目安は 6 ～ 7 カ月ごろ

●はじめのひと口は「ゆでうどん」から

※すでにアレルギー科を受診し、離乳食の進め方について相談している場合は、医師の指示に従ってください(P.31参照)。

基本の下ごしらえ

やわらかくゆでる

刻んだゆでうどんを、さらに熱湯でやわらかくゆでます。赤ちゃんが舌でつぶせる(大人が指で軽く押してつぶれる)くらいが目安。

みじん切りにする

コシのある乾めんより、やわらかい「ゆでうどん」がおすすめ。ゆでる前に、こまかく刻みます(包丁をぬらしておくとくっつきにくい)。

形状チェック!

赤ちゃんスプーン 1さじを与える

7カ月以降なら、そのままスプーンへ。6カ月ごろならすり鉢ですりつぶしてあげて。

OK だったら

少しずつ量をふやしましょう

ゆでうどんを食べたあと、体調に変化がなければ、はじめのひと口はクリア。うどんの量を少しずつふやします。ゆでそうめんをあげてもかまいません。

こんなときは 受診

- 食べたあと、すぐに顔や体が赤くなる
- 食べるとすぐ嘔吐する

← P.112 へ

慣れたら手でちぎる

少し大きなかたまりが食べられるようになったら、手でちぎるのが簡単。水、牛乳、だしなどにひたしてパンがゆに。

最初はこまかく刻む

モグモグ期(7～8カ月ごろ)は、包丁で刻むほうがこまかくできます。食パンの耳もやわらかく調理すれば使ってOK。

パンはいつからはじめる?

卵や牛乳も OK だったらスタート

離乳食にはシンプルな食パンを使いますが、多くの食パンには卵や牛乳が少量含まれています。ゆでうどんを食べられて小麦が大丈夫でも、卵や牛乳アレルギーが心配な場合には、それらを試したあとにパンをはじめるのが安全です。

小麦製品 1食分の目安量

めんは弾力が強いと食べにくいので、赤ちゃんにはやわらかく調理してあげるのがコツ。

ゆでうどん 55g

ほかの食品では
ゆでパスタ
…カミカミ期からが無難
食パン 20g

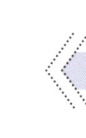

ゆでうどん 35g

ほかの食品では
ゆでパスタ
…カミカミ期からが無難
食パン 15g

モグモグ期 7~8カ月ごろ

パンがとろける食感になる♥

かぼちゃミルクパンがゆ

材料(1回分)

食パン…20g(8枚切り½枚弱)
かぼちゃ…20g(2cm角2個)
牛乳(または豆乳)…大さじ2

作り方

①かぼちゃは皮と種を除き、ラップに包んで電子レンジで約40秒加熱し、あら熱がとれたらラップごともみつぶす。
②耐熱容器に食パンをこまかくちぎって入れ、かぶるくらいの水にひたし、ふやけたら軽く水けをきる。牛乳を加え、電子レンジで約40秒~1分加熱する。
③すり鉢でなめらかにつぶし、①をまぜる。

だしのうまみでやさしい味に

チンゲン菜と豆腐の煮込みうどん

材料(1回分)

ゆでうどん…40g
チンゲン菜の葉…15g(1½枚)
絹ごし豆腐…20g(2cm角2個)
だし…½カップ

作り方

①チンゲン菜はやわらかくゆで、こまかく刻む。うどんはこまかく刻む。
②小鍋に①とだしを入れ、かぶるくらいの水を足し、うどんがやわらかくなるまで弱火で5分ほど煮る。
③豆腐を加え、つぶしながら全体をまぜ、さっと煮立てる。

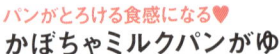

●1食分の目安量は、エネルギー源食品1種類を使用した場合の目安です。
●食べる量は個人差が大きいので、分量はあくまでも目安。赤ちゃんの食欲や成長・発達に合わせて調整してください。

ゆでうどん 105～130g

ほかの食品では　ゆでパスタ 75～90g（乾めん 30～35g）
食パン 40～50g（8枚切り約1枚）

パクパク期 1才～1才6カ月ごろ

肉のうまみがしみて美味！

ひき肉とピーマンの焼きうどん

材料（1回分）

ゆでうどん…120g
ピーマン…30g（3/4個）
牛豚合いびき肉…15g
植物油…少々

作り方

①ピーマンは2cm長さの細切りにする。うどんは2～3cm長さに切る。
②フライパンに植物油を熱し、ピーマンと合いびき肉を入れ、ほぐしながら1分ほどいためる。
③うどんと水大さじ1を加え、水けがなくなるまで1分ほどいためる。

ゆでうどん 60～90g

ほかの食品では　ゆでパスタ 40～65g（乾めん 15～25g）
食パン 25～35g

カミカミ期 9～11カ月ごろ

ベビーにも大人気のメニュー

スパゲティミートソース

材料（1回分）

スパゲティ…20g（乾めん）
トマト…30g（1/5個）
玉ねぎ…10g（1cm幅のくし形切り1個）
牛赤身薄切り肉…15g
オリーブ油…少々

作り方

①トマトは皮と種を除き、こまかく刻む。玉ねぎ、牛肉もこまかく刻む。
②スパゲティは2～3cm長さに折り、表示より少し長めにやわらかくゆで、器に盛る。
③フライパンにオリーブ油を熱し、牛肉と玉ねぎを入れていためる。トマト、水大さじ3を加え、弱火でとろりとするまで煮て、②にかける。

小麦・小麦製品を除去する

赤ちゃんの離乳食の「困った！」を解決

調理の小麦粉は、米粉やかたくり粉に！
パンは米粉パン、めんはビーフンを選んで。

調理／ほりえさわこ先生

小麦製品を除去する場合、何で栄養を補えばいい？

⬇

ほかのエネルギー源食品を

おかゆ（ごはん）を食べていれば問題ないですが、飽きてしまうこともありますね。そんなときは、いも類、バナナやコーンフレークも、離乳食では主食になります。活用してみて。

ごはん

いも類

コーンフレーク

バナナ

パンが食べられません…

⬇

米粉パンを簡単手作り♪

小麦粉を「米粉」で代用して、パンを作ることができます。ここでは、発酵の必要がない簡単なパンをご紹介！米粉は「製菓用」のほうが、ふっくら仕上がるのでおすすめです。

市販の米粉パンやミックス粉も便利

米粉パンは小麦グルテンを使っているものも多いので、表示をよく確認して。米粉のケーキミックスも便利！

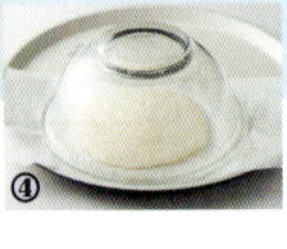

モグモグ期 7〜8カ月ごろ

レンジで米粉パン

材料（作りやすい分量）

Ⓐ米粉…50g
砂糖…大さじ1
塩…少々
ベーキングパウダー…小さじ1

水…¼カップ

ココナッツ油（オリーブ油）…小さじ1

作り方

①ボウルにⒶを入れてまぜ合わせる。
②水を加えて全体をまぜてから、油を加えてまぜる。
③クッキングシートの上に広げ、耐熱ボウルをかぶせ、電子レンジで約1分30秒加熱する。
④あら熱がとれるまで蒸らすとしっとりする。

※モグモグ期¼枚、カミカミ期½枚、パクパク期1枚を目安に食べさせてください。

うどんやそうめんに代わるものは?

↓

米が原料のビーフンやフォーを

ビーフンやフォーはスーパーで手に入りやすく、やわらかく調理すればモグモグ期から使ってかまいません。小麦粉を含むものもあるので、確認して購入しましょう。

カミカミ期 9〜11カ月ごろ

煮込みビーフン

材料(1回分)

ビーフン…50g(もどして)

にんじん、小松菜…計20g

野菜スープ…½カップ

作り方

①ビーフンはやわらかくゆでて水洗いし、食べやすく刻む。にんじんは短いせん切りにし、小松菜はこまかく刻む。

②鍋に野菜と野菜スープを入れてやわらかく煮て、ビーフンを加えて煮る。

POINT

ビーフンはやわらかくもどしてから刻む

熱湯でやわらかくゆでてもどし、食べやすい長さに刻みます。

フライの粉つけやパン粉つけは?

↓

かたくり粉、米粉、米パン粉で代用OK

ムニエルやから揚げの粉つけは「かたくり粉」、フライのとき卵は水1:米粉1でといた「水どき米粉」、パン粉は「米パン粉」で代用できます。米パン粉は水分が多いので長めに揚げて。

揚げるときは
じっくり香ばしく

ホワイトソースはどうすればいいの?

↓

豆乳(牛乳)+かたくり粉でとろみづけ

豆乳(または牛乳でも)にかたくり粉でとろみをつけるのが簡単!野菜とあえたり、肉や魚のソースにしたり、応用自在です。

モグモグ期 7〜8カ月ごろ

豆乳ホワイトソース

材料(作りやすい分量)

豆乳…¼カップ

かたくり粉…小さじ1

作り方

①フライパンに豆乳とかたくり粉を入れてよくまぜる。

②中火〜弱火にかけ、とろみがつくまでまぜる。

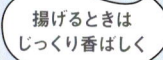

小麦・小麦製品の赤ちゃんが食べていいもの悪いもの

うどん、食パンはモグモグ期から、
パスタはカミカミ期からOKに。

小麦ア	小麦アレルギーがある。	○	食べやすいかたさや形状に調理し、適量ならOK
ゴ	ゴックン期 5～6カ月	△	「様子を見ながら少しだけ」など条件つき
モ	モグモグ期 7～8カ月	×	小麦アレルギーの子はNG、または、塩分や脂肪分が多いなど赤ちゃんには不向き
カ	カミカミ期 9～11カ月		
パ	パクパク期 1才～1才6カ月		

小麦粉

小麦ア	×
ゴ	△
モ	○
カ	○
パ	○

うどんが食べられればOK。ムニエルなどの調理に活用を

はじめての小麦製品としてうどんが食べられれば、小麦粉も使用できます。ムニエルやフライなど、調理の粉つけに。水どきして野菜を加えて焼けば、手づかみにぴったりのお好み焼きになり、主食が何もないときに便利です。

パン

小麦ア	×
ゴ	△
モ	○
カ	○
パ	○

フランスパン
塩分が多いので調理の味つけはしない

食パン
パンがゆなどに活躍する基本のパン

ロールパン
油脂が多いので量を控えめにして

塩分や脂肪分の少ないシンプルな食パンがいちばん

パンには小麦粉、乳製品、卵が含まれることが多いため、それらをクリアしてからスタートを。食パンはあっさりした味わいで、離乳食向きです。バターロールの脂肪分は食パンの倍以上あり、フランスパンは塩分が多めです。

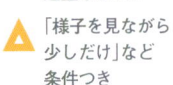

そうめん・ひやむぎ

小麦	
ア	×
ゴ	×
モ	○
カ	○
パ	○

**折ってからゆでるとラク！
塩分が多いので必ず下ゆでを**

そうめんもひやむぎも、基本は同じ。塩分が意外に多く含まれるので、必ず下ゆでしてください。食べやすい長さに折ってからゆでるとラク。1束は乾めんで50g。モグモグ期15g、カミカミ期20g、パクパク期30gが目安です。

うどん

小麦	
ア	×
ゴ	△
モ	○
カ	○
パ	○

**米がゆに慣れたらスタート。
モグモグ期からが食べやすい**

手軽なのは、ゆでうどん。塩分を減らすためにも、再度、熱湯でゆでてからあげましょう。米がゆに慣れてから、ゴックン期の後半(6カ月ごろ)にすりつぶしてあげてもよいですが、刻むほうが簡単なので7カ月以降でも。

中華めん

小麦	
ア	×
ゴ	×
モ	×
カ	×
パ	△

**消化しにくいので1才以降の
脱マンネリメニューに**

かんすい(炭酸ナトリウムや炭酸カリウム)と小麦粉をこねて作っためん。かんすいにより小麦粉の成分が黄色くなり、同時に特有の香りと風味が生まれます。赤ちゃんには消化しにくいので、1才以降、1回量は55～70gに。

スパゲティ・マカロニ

小麦	
ア	×
ゴ	×
モ	△
カ	○
パ	○

**やわらかくなりにくいので
カミカミ期からがベター**

原料が強力粉なのでうどんよりコシが強く、ゆでてもくたくたになりにくいです。歯ぐきでつぶせるカミカミ期からが、食べやすいでしょう。離乳食では塩を入れずゆでて。また、小麦たんぱく質の量はうどんの約2倍です。

お好み焼き粉

- 小麦ア ×
- ゴ ×
- モ ×
- カ △
- パ △

あくまで大人用。たまに少量を取り分けるなら

野菜をまぜて焼くだけで便利ですが、調味料や添加物も入っているので、大人の食べ物。大人が食べていれば、たまに少量をあげる程度にしましょう。赤ちゃんには小麦粉２：水１でまぜ、野菜を加えて焼き、お好み焼き風に！

ホットケーキミックス

- 小麦ア ×
- ゴ ×
- モ ×
- カ △
- パ ○

市販品には糖分も含まれる。野菜をまぜて焼くのが◎

手づかみしやすいので赤ちゃんに喜ばれますが、糖分が含まれているので与えすぎに注意。卵アレルギーでも卵を使わなければ食べられます。野菜のすりおろしを加えると、糖分が薄まり、栄養価がグンとアップします。

クラッカー

- 小麦ア ×
- ゴ ×
- モ ×
- カ △
- パ △

トランス脂肪酸の問題も。基本的には与えないで

小麦粉生地をイースト発酵させて焼いたもの。100g中に塩分は1.9g含まれます。トランス脂肪酸を使用しているという問題もあり、食感もよくクセになると困るので、赤ちゃんにはできるだけ与えないようにして。

オートミール

- 小麦ア △
- ゴ ×
- モ ○
- カ ○
- パ ○

栄養満点のおかゆがすぐ！モグモグ期にお役立ち

引き割りの燕麦《えんばく》が原料で、栄養も食物繊維も豊富だから、便秘ぎみの赤ちゃんにも最適。だしや牛乳を加えて少し煮れば、やわらかいおかゆ状になります。小麦アレルギーの場合も食べられることがあるので、主治医に相談を。

麸

小麦ア	×
ゴ	△
モ	○
カ	○
パ	○

**煮たりすりおろしたりして
離乳食のアクセントに**

「焼き麸」は小麦たんぱくのグルテンを焼いたもの。小麦アレルギーでなければ、離乳食メニューにもOK。水でさっともどして食べやすくちぎるか、乾燥のまますりおろして煮物に加え、風味づけやとろみづけに活用しても。

ワンタン・ギョーザの皮

小麦ア	×
ゴ	×
モ	×
カ	○
パ	○

**できるだけ無添加を選んで
カミカミ期から少しだけ**

添加物が多く含まれるものもあるので、よく確かめてから購入しましょう。使用するのはカミカミ期からにして、少量にとどめたほうが無難。小麦アレルギーの場合、米粉でできたギョーザの皮も市販されています。

小麦アレルギーの子はcheck!

加工食品のアレルギー表示について

- 食べられる
  ↓
  麦芽糖　でんぷん
- 多くの場合食べられるので主治医に相談
  ↓
  麦茶　みそ　しょうゆ　酢
- 食べるのに注意
  ↓
  グルテン
  (必ず小麦由来などと併記される)

食べてはいけない・注意したい

- シチューやカレーなどの市販のルウ
- 揚げ衣
  (から揚げ、天ぷら、フライなど)
- 市販のシュウマイ、ギョーザ、春巻き、ムニエルなど

表示をよく確認する

- 麦みそ
- ウスターソース
- コンソメ

魚・魚加工品

魚は種類が多く、離乳食にどれを選ぶか迷いますね。アレルゲン性の強さはどれも同じなので、赤ちゃんには脂肪の少ない白身魚からスタートを。

どんな栄養があるの？

良質なたんぱく質・脂質のほか体にいい成分がたっぷり

魚はたんぱく質のほか、骨を強化し、免疫力を高めるビタミンＤを多く含んでいます。ビタミンＤはカルシウムを骨に定着させる働きがあるため、骨や歯の成長に影響する大切なビタミンです。また、あじ、いわし、さんまなどの青背の魚、まぐろ、鮭にはＤＨＡ・ＥＰＡ（必須脂肪酸）が多く、かつおなど赤身の魚には鉄、しらす干しにはカルシウムが豊富。赤ちゃんにも、いろいろな種類の魚の栄養をとらせてあげたいですね。

なお、一般的に魚の脂肪の量は、白身魚→赤身魚→青背魚の順に多くなります。このため、離乳食では消化吸収しやすい真鯛などからはじめます。

食物アレルギーの特徴は？

魚はどれも、たんぱく質構造が似ているのでアレルゲン性は同じ

魚の主なアレルゲンは、「パルブアルブミン」というたんぱく質。魚の種類による構造の違いは少なく、魚アレルギーの人は多くの魚に反応することがあります。白身魚、赤身魚、青背魚など、魚の色によるアレルゲン性の違いもありません。また、魚アレルギーでも、高度に発酵させて作られるかつお節のだしは、ほとんどの場合、反応がありません。高圧処理によってたんぱく質が分解されるツナ缶も、食べられる可能性があります。

魚が除去になったら、きのこ類などでビタミンＤを補いましょう。ビタミンＤは紫外線に当たることで体内でも合成されるため、お散歩など日光浴もおすすめです。

●目安は 5 ～ 6 カ月ごろ

●はじめのひと口は「白身魚」から

※すでにアレルギー科を受診し、離乳食の進め方について相談している場合は、医師の指示に従ってください(P.31参照)。

基本の下ごしらえ

しらす干しは必ず塩抜きを!

熱湯にひたすか、耐熱容器に水といっしょに入れて電子レンジで熱々に加熱し、茶こしなどでこします。

すりつぶす

かたくり粉と水をまぶして加熱することで、パサつきにくくなります。すり鉢で魚の繊維が完全にほぐれるまで、よ～くすりつぶします。

粉と水を加えてレンジ加熱

耐熱容器に白身魚10g(刺し身１切れ)を入れてかたくり粉を薄くまぶし、水大さじ½を加えてふんわりラップをかけ、電子レンジで約20秒加熱。

形状チェック!

赤ちゃんスプーン1さじを与える

なめらかにすりつぶし、飲み込みやすいように湯冷ましでのばしてスプーンへ。

OKだったら

少しずつ量をふやしましょう

白身魚を食べたあと、体調に変化がなければ、はじめのひと口はクリア。量を少しずつふやします。白身魚は真鯛やしらす干しがおすすめ。

こんなときは受診

- 食べたあと、すぐに顔や体が赤くなる
- 食べるとすぐ嘔吐する

← P.112 へ

魚を除去する場合は、何で栄養を補えばいい?

↓

ほかのたんぱく質源食品を

魚が食べられなくても、同じたんぱく質源食品の肉、卵、大豆製品、乳製品を食べていれば、鉄やカルシウムの補給も問題なし。ビタミンDはきのこ類や日光浴で強化して。

肉

卵

乳製品

大豆製品

魚 1食分の目安量

白身魚の次に、生鮭や赤身の魚、青背の魚を。パサつきをカバーしてあげる調理が大切！

魚 10～15g

モグモグ期 7～8カ月ごろ

魚のうまみと彩りが絶妙！

鮭とキャベツのおかゆ

材料（1回分）

生鮭…15g（切り身1/8枚）

キャベツの葉…20g（1/3枚）

5倍がゆ…50g（大さじ3強）

＊5倍がゆは米1：水5の割合で炊いたものです。

作り方

①鮭は皮と骨を除き、こまかく刻む。キャベツはやわらかくゆで、こまかく刻む。

②小鍋に5倍がゆ、①を入れて煮立て、弱火にして鮭に火が通るまで煮る。途中、煮詰まったら水適量を足す。

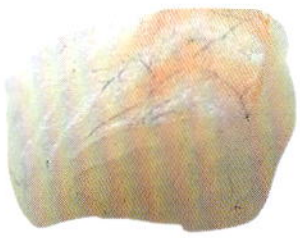

魚 10g

ゴックン期 5～6カ月ごろ

鯛がふわふわの口当たりに

鯛とブロッコリーのおかゆ

材料（1回分）

鯛…10g（刺し身1切れ）

ブロッコリー…5g（穂先1房分）

10倍がゆ…30g（大さじ2）

＊10倍がゆは米1：水10の割合で炊いたものです。

作り方

①鯛はさっとゆでる。ブロッコリーは1房をやわらかくゆで、穂先のみそぎとる。

②すり鉢で①をよくすりつぶし、10倍がゆを加え、さらになめらかにすりつぶす。

●１食分の目安量は、たんぱく質源食品１種類を使用した場合の目安です。２種類以上のたんぱく質源食品を使う場合は、量をそれぞれ減らしてください。
●食べる量は個人差が大きいので、分量はあくまでも目安。赤ちゃんの食欲や成長・発達に合わせて調整してください。

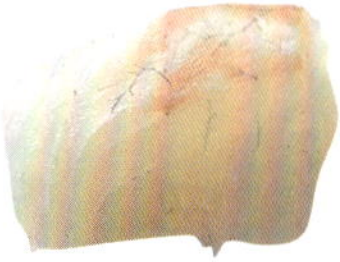

魚 15～20g

魚 15g

パクパク期 1才～1才6カ月ごろ

あんかけで魚が食べやすい

ぶりのソテー 野菜あんかけ

材料（１回分）

ぶり…20g（切り身1/6枚）
ほうれんそうの葉…30g（大6枚）
にんじん…30g（1/5本）
だし…1/3カップ
植物油…少々
水どきかたくり粉…少々

作り方

①ほうれんそうとにんじんはやわらかくゆで、食べやすく刻む。
②小鍋に①とだしを入れて１分ほど煮て、水どきかたくり粉でとろみをつける。
③ぶりは１㎝角に切り、植物油を熱したフライパンで全体を焼く。器に盛り、②をかける。

カミカミ期 9～11カ月ごろ

とろみづけはじゃがいもで♪

たらの野菜仕立てシチュー

材料（１回分）

生たら…15g（切り身1/8枚）
玉ねぎ…20g（1/8個）
じゃがいも（直前にすりおろす）…小さじ2

作り方

①たらは皮と骨を除き、食べやすく切る。玉ねぎはみじん切りにする。
②小鍋に①を入れ、かぶるくらいの水を加えて弱火で３分煮る。
③じゃがいもをすりおろして加え、手早くまぜてとろみをつける。好みで型抜きしたパンを添える。

魚・魚加工品の赤ちゃんが食べていいもの悪いもの

魚はどれも食べていい量は同じ。
脂肪が少ない順に進めます。

魚ア	魚アレルギーがある。
ゴ	ゴックン期 5〜6カ月
モ	モグモグ期 7〜8カ月
カ	カミカミ期 9〜11カ月
パ	パクパク期 1才〜1才6カ月
○	食べやすいかたさや形状に調理し、適量ならOK
△	「様子を見ながら少しだけ」など条件つき
×	魚アレルギーの子はNG、または、塩分や脂肪分が多いなど赤ちゃんには不向き

かつお節

魚ア	△
ゴ	△
モ	○
カ	○
パ	○

かつおだしは離乳食のうまみのベースとして活躍

魚アレルギーのある子も、かつお節のだしは大丈夫なことがほとんど。「かつおだし」は調味料の使えないゴックン期から、味のベースになります。かつお節そのものを離乳食にまぜたり、あえたりするのはモグモグ期以降に。

しらす干し

魚ア	×
ゴ	○
モ	○
カ	○
パ	○

丸ごと食べられてカルシウム豊富！　塩抜きして使う

いわしの稚魚。頭から尾までやわらかく、丸ごと食べられるから、乳幼児期のカルシウム補給に適した魚です。牛乳アレルギーの場合は、ぜひ食卓へ。塩分を多く含むため、離乳食では湯通しして塩抜きしてから調理します。

白身魚

魚ア	×
ゴ	○
モ	○
カ	○
パ	○

魚のスタートは脂肪が少なく消化吸収もよい白身魚から

真鯛やひらめ、かれいなどの白身魚は、低脂肪で胃腸に負担がかかりません。栄養バランスがよく、はじめて食べる魚にぴったり。ただ、脂肪が少ないぶん、加熱するとパサパサしがち。とろみを補ってのどごしをよくしてあげて。

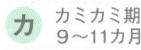

めかじき

魚ア	×
ゴ	×
モ	○
カ	○
パ	○

高たんぱく、低脂肪で骨がないから調理しやすい

良質なたんぱく質やDHAが多く、クセがなく低脂肪なので離乳食におすすめ。切り身で出回っていて骨がないため、調理がしやすい点も助かります。加熱するとパサつきやすいので、おかゆやお焼きにまぜるなど、ひと工夫を。

赤身の魚・生鮭

まぐろ

かつお

鮭

魚ア	×
ゴ	×
モ	○
カ	○
パ	○

モグモグ期から脂肪の少ない部位を。鉄や DHA 補給に

赤身の魚は鉄や、脳の働きをよくするDHAが含まれ、栄養豊富です。白身魚に慣れたら、モグモグ期以降に積極的に食べさせてあげましょう。まぐろはトロではなく赤身を、かつおも脂肪の多い腹身より背身を選びます。

青背の魚

さんま

あじ

魚ア	×
ゴ	×
モ	×
カ	○
パ	○

栄養価が優れているのでカミカミ期以降とり入れたい

さんま、あじ、いわしなど、青背の魚はDHAやEPAが豊富に含まれることが魅力！　ただし、酸化しやすいので新鮮なうちに調理しましょう。大人の塩焼きを、尾の部分だけ塩をふらずに焼くと、取り分けが簡単です。

ツナ缶（水煮）

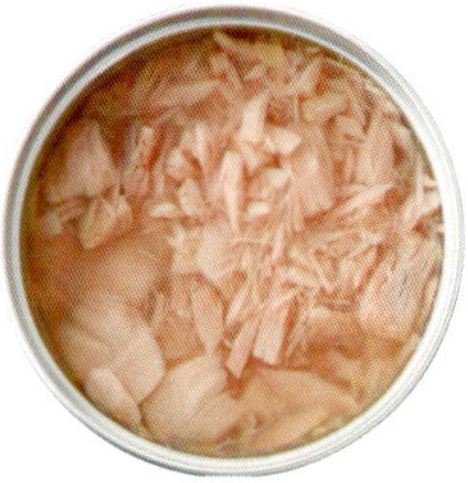

魚ア	△
ゴ	×
モ	○
カ	○
パ	○

調理ずみだからラク！離乳食には食塩無添加を

無塩の水煮またはスープ煮がベスト。ただし、油漬けでなくても脂肪分は含まれているので、規定量を守りましょう。魚アレルギーでも、ツナ缶や鮭缶など、高圧処理された魚の缶詰は食べられる可能性があります。

さば

魚ア	×
ゴ	×
モ	×
カ	△
パ	○

脂肪がたっぷりだから ほかの青背の魚に慣れてから

良質なたんぱく質が豊富な一方で、脂肪もたっぷり含まれ、「さばの生き腐れ」といわれるほど急速に鮮度が落ちます。離乳食では、青背の魚はあじ・さんま・いわし→ぶりと進めてから、さばにトライするのがおすすめ。

ぶり

魚ア	×
ゴ	×
モ	×
カ	○
パ	○

冬に出回る脂ののった「寒ぶり」は脂肪を落として

良質なたんぱく質と、DHAやEPAがしっかり含まれていて、血合いの部分には鉄も多いから貧血予防にも。春の産卵に備えて脂ののった冬の「寒ぶり」は、赤ちゃんにはゆでる、網焼きにするなど脂肪を落としてあげましょう。

ちくわ・かまぼこ

魚ア	△
ゴ	×
モ	×
カ	△
パ	△

調味料や添加物が多く 弾力もあって食べにくい

ちくわやかまぼこなどのねり製品は、原料は魚ですが、塩分や糖分、添加物が多く含まれます。弾力もあるので、カミカミ期以降、たまに少量を使うくらいに。なお、魚アレルギーでも、ねり製品は食べられることがあります。

刺し身

魚ア	×
ゴ	×
モ	×
カ	×
パ	×

生のまま食べさせるのは すしもサラダもダメ！

新鮮でやわらかく、食べさせたくなりますが、魚の生食は絶対にダメ。アレルギーだけでなく、細菌の感染や寄生虫の心配があります。刺し身のほか、生の魚を使ったすしやカルパッチョなども、赤ちゃんには与えないで。

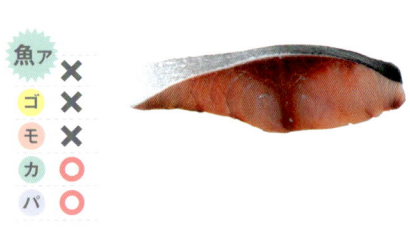

いくら

魚卵ア	×
ゴ	×
モ	×
カ	×
パ	×

生で食べる食品なので
アレルギーでなくても×

いくらは、鮭(またはます)の卵を塩漬けにしたもので、生食だから厳禁。アレルギー症状も出やすく、加工食品では表示義務があります。のどに詰まらせた事故の報告もあるので、赤ちゃんには少量でも食べさせないで。

魚卵はどうする？

魚卵アレルギーはいくらが多い。
離乳食期はあげなくてOK

魚卵は1才以降、食物アレルギーの原因食べ物の上位にランクインしています。いくらアレルギーが最も多く、たらこや数の子アレルギーはまれ。卵や魚アレルギーとは関係なく、個別のアレルゲンとして診断されます。離乳食期はあえてあげなくてよいのでは。

数の子

魚卵ア	×
ゴ	×
モ	×
カ	×
パ	×

塩抜きしても塩分が多い。
おせちは大人だけにして！

おせち料理で定番の数の子は、にしんの卵。お正月に少し味見をさせたくなりますが、塩抜きしても塩分が強く、かたいので歯ぐきでつぶすのも無理。保存のため味つけの濃いおせち料理は、基本的には与えないでください。

たらこ

魚卵ア	×
ゴ	×
モ	×
カ	×
パ	△

生は厳禁。完全に加熱して
たまにごく少量なら

おにぎりの具の定番でもあり、つい与えてしまいがち。いくらにくらべてアレルギーは少ないですが、塩分がとても多いので赤ちゃんには不向きです。しっかり加熱し、たまに風味づけにごく少量を使う程度にして。

甲殻類・軟体類・貝類はどうする？

えびで発症すると、かにで半数、軟体類や貝類でも発症することが

甲殻類アレルギーは、幼児期以降に発症がふえ、大人になっても耐性を獲得しにくいとされています。えびのたんぱく質（主要アレルゲン）は、かにと似ているので、えびで発症すると半数以上がかにでも発症し、いか、たこ、貝類でも反応が出ることがあります。

えび

甲殻ア	×
ゴ	×
モ	×
カ	×
パ	×

甲殻アレルギーの代表。離乳食には登場させなくても

脂肪が少なく、独特のうまみが人気ではありますが、食物アレルギーの原因食べ物としては多いので心配です。試すなら１才以降、たたいてこまかくするなど食べやすく調理して、赤ちゃんの体調を見ながら慎重に。

いか

甲殻ア	△
ゴ	×
モ	×
カ	×
パ	△

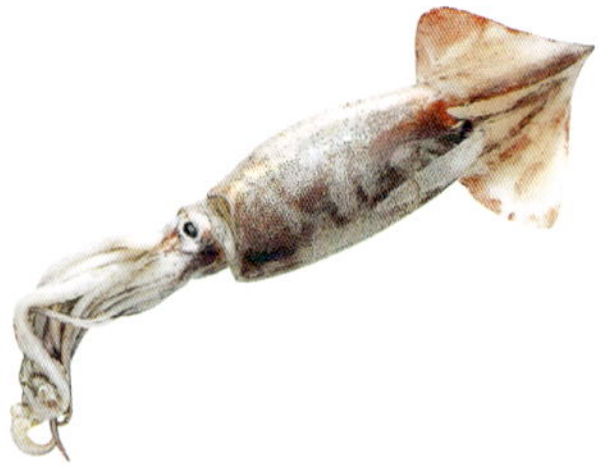

加熱しても食べやすいのは、いかそうめん

しっかり加熱するとかたくなって食べにくいのが難点。皮をむいて調理するとやわらかくなります。刺し身のいかそうめんは比較的やわらかいので、離乳食に使いやすいです。ただ、かみにくければ、無理してあげなくても。

かに

甲殻ア	×
ゴ	×
モ	×
カ	×
パ	×

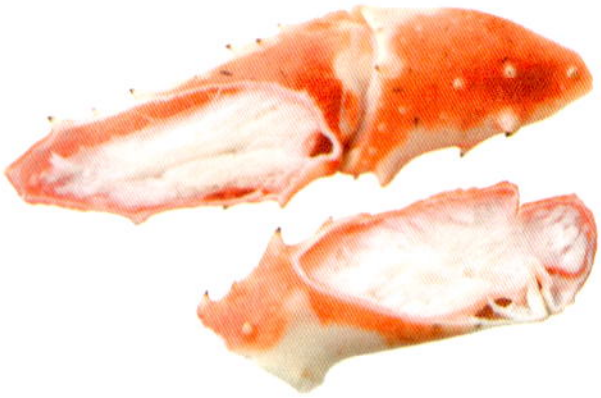

えびと同様に無理しないで。様子を見ながら慎重に

たくさんの種類がありますが、栄養価はほとんど変わりません。味はよいのですが、えびと同様にアレルギーの症状が出やすいほか、鮮度低下による食中毒の心配もあります。与えるとしても、新鮮なものをごく少量から。

かき

甲殻ア	△
ゴ	×
モ	△
カ	○
パ	○

抜群の栄養を赤ちゃんにも！旬の時期には使ってみて

「海のミルク」といわれるほど栄養があり、たんぱく質の合成にかかわる亜鉛など、ミネラルが豊富です。貝類の中では例外的に、加熱しても身がやわらかいのが特徴。白い身の部分を少量、モグモグ期から食べられます。

たこ

甲殻ア	△
ゴ	×
モ	×
カ	×
パ	△

圧力鍋などでやわらかく加熱できればあげても

いか・たこは、低脂肪でたんぱく質が白身魚と同じくらい豊富。ヘルシーで栄養価は高いのですが、赤ちゃんにはかたいため、やわらかく調理することが必要です。あれば圧力鍋で煮てもいいし、あえて離乳食で使わなくても。

あさり・しじみ

甲殻ア	△
ゴ	×
モ	×
カ	○
パ	○

鉄、カルシウムなどのミネラル補給ができる

赤ちゃんも大人も不足しやすい、鉄、カルシウム、亜鉛などのミネラルがたっぷり。加熱すると身がかたくなってしまうので、こまかく刻んであげるか、うまみの出たスープや汁だけを離乳食の味つけに利用しても。

ほたて

甲殻ア	△
ゴ	×
モ	△
カ	○
パ	○

味がよく貝柱はやわらかいので、離乳食にもおすすめ

貝類の中ではたんぱく質が多く、鉄、亜鉛などのミネラルもしっかりとれます。やわらかくてつぶしやすいので、食べやすく調理して、少量をモグモグ期から食べさせてOK。塩分に気をつければ、ほたて缶も使えます。

肉・肉加工品

肉は、実はアレルゲンになりにくい食品です。ただし、赤ちゃんは脂肪を分解するのが苦手なので離乳食では脂肪の少ない部位をあげるのが大原則。

どんな栄養があるの？

脂肪を除けば高たんぱく食品。元気な体をつくり、貧血を防ぐ

鶏肉、豚肉、牛肉は、どれも必須アミノ酸（P.40参照）をバランスよく含む良質なたんぱく質です。鶏肉は高たんぱくなうえ低脂肪だから、離乳食向き。レバーや牛肉には鉄が多く、豚肉には糖質をエネルギーにかえるビタミンB_1が豊富。体の成長のために、また、貧血の予防や疲労の回復に、肉はパワーを発揮してくれます。

ただし、肉は赤ちゃんの体には負担になる脂肪が多く、加熱するとかたくて食べにくいのが難点。そのためゴックン期は与えず、モグモグ期に消化のよい鶏ささ身からスタートします。鶏肉の皮や脂肪はとり除き、牛肉や豚肉は赤身を選ぶなどして、食べやすく調理します。

食物アレルギーの特徴は？

人間のたんぱく質構造に近いからアレルゲンになりにくい

牛や豚、鶏と、人間の筋肉のたんぱく質をくらべると、アミノ酸配列はほぼ同じ。そのため、異物とは認識されず、アレルギー症状を起こしにくいのです。実際、肉類のアレルギーは少なく、牛肉・豚肉・鶏肉すべてを除去しなければならないケースはほとんどありません。肉の血液成分は人間とは違いがあるため、肉アレルギーの場合は、肉の中の血液に反応していると考えられます。

アレルギーのことだけを考えるなら、肉類はほかのたんぱく質よりもずっと安全。「肉＝たんぱく質のかたまり」というイメージがあり、アレルギーを起こしやすいのではないかと思うのは、大いなる誤解です。

●目安は7～8カ月ごろ

●はじめのひと口は「鶏ささ身」から

※すでにアレルギー科を受診し、離乳食の進め方について相談している場合は、医師の指示に従ってください(P.31参照)。

基本の下ごしらえ

すりつぶす

魚と同様に、かたくり粉と水をまぶして加熱することで、パサつきにくくなります。すり鉢で繊維を断つようによ～くすりつぶします。

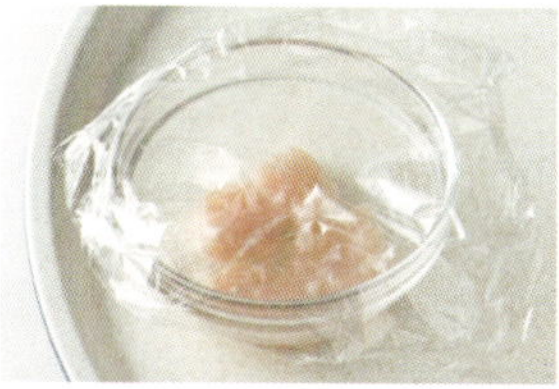

粉と水を加えてレンジ加熱

耐熱容器に鶏ささ身10g(1/5切れ)を入れてかたくり粉を薄くまぶし、水大さじ1/2を加えてふんわりラップをかけ、電子レンジで約20秒加熱。

形状チェック!

赤ちゃんスプーン1さじを与える

なめらかにすりつぶし、飲み込みやすいように湯冷ましでのばしてスプーンへ。

OK だったら

少しずつ量をふやしましょう

鶏ささ身を食べたあと、体調に変化がなければ、はじめのひと口はクリア。量を少しずつふやし、鶏ささ身に慣れたら鶏胸肉→もも肉の順で進めます。

こんなときは 受診

- 食べたあと、すぐに顔や体が赤くなる
- 食べるとすぐ嘔吐する

⬅P.112へ

肉を除去する場合は、何で栄養を補えばいい?

⬇

ほかのたんぱく質源食品を

同じたんぱく質源食品から、バランスよく食べます。肉を食べないと吸収のよい動物性のヘム鉄が不足するので、赤身魚や大豆製品、青菜やひじきなどを意識して使いましょう。

魚

卵

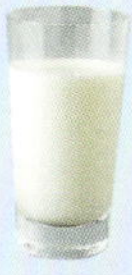

乳製品

大豆製品

肉

1食分の目安量

モグモグ期は鶏ささ身だけ。牛肉・豚肉はカミカミ期から、脂肪の少ない部位を選んで。

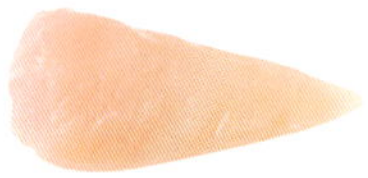

肉 10～15g

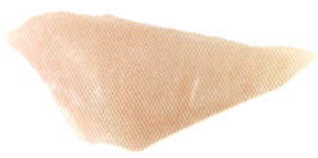

肉 10g

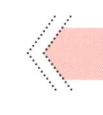

モグモグ期 7～8カ月ごろ

おかゆはとろみづけに最高！

鶏ささ身にんじんがゆ

材料（１回分）

鶏ささ身…10g（⅕本）

にんじん…15g（2.5cm角1個）

５倍がゆ…50g（大さじ3強）

＊5倍がゆは米1：水5の割合で炊いたものです。

作り方

①鶏ささ身は小鍋に入れ、かぶるくらいの水を加えて弱火でゆでて火を通し、とり出してこまかく刻む。

②にんじんは皮をむいてすりおろし、耐熱容器に入れてラップをかけ、電子レンジで約20秒加熱する。

③５倍がゆに①、②を加えてまぜる。

同じ鍋で肉→野菜の順に加熱

鶏ささ身とブロッコリーの中華煮

材料（１回分）

鶏ささ身…10g（⅕本）

ブロッコリー…15g（穂先1房半）

水どきかたくり粉…少々

作り方

①鶏ささ身は小鍋に入れ、水½カップを加えて弱火でゆでて火を通し、とり出してこまかく刻む。ゆで汁は残しておく。

②ブロッコリーは刻んで①の小鍋に入れ、やわらかくなるまで２～３分煮る。

③鶏ささ身を戻し入れ、煮立ったら水どきかたくり粉でとろみをつける。

●1食分の目安量は、たんぱく質源食品1種類を使用した場合の目安です。2種類以上のたんぱく質源食品を使う場合は、量をそれぞれ減らしてください。
●食べる量は個人差が大きいので、分量はあくまでも目安。赤ちゃんの食欲や成長・発達に合わせて調整してください。

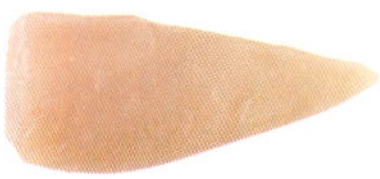

肉 15～20g

肉 15g

パクパク期 1才～1才6カ月ごろ

手づかみでパクッとどうぞ

ひと口ハンバーグ

材料（1回分）

牛豚合いびき肉…15g（大さじ1）
玉ねぎ…20g（1/8個）
パン粉（または米パン粉）…大さじ1
植物油…少々

作り方

①玉ねぎはやわらかくゆで、みじん切りにする。パン粉は水大さじ1/2を加えて湿らせる。
②合いびき肉に①、②を加えてねりまぜ、ひと口大に成形する。
③フライパンに植物油を熱して②を並べ、両面を焼いて火を通す。

カミカミ期 9～11カ月ごろ

煮くずれるくらいの食感が◎

牛ひき肉じゃが

材料（1回分）

牛赤身ひき肉…15g（大さじ1）
じゃがいも…80g（1/2個）
玉ねぎ…30g（1/5個）
植物油…少々

作り方

①じゃがいもは皮をむき、7㎜角に切る。玉ねぎはあらみじん切りにする。
②小鍋に油を熱し、玉ねぎ、ひき肉を入れてさっといためる。
③じゃがいもを加え、かぶるくらいの水を加え、煮立ったらアクを除く。弱めの火でじゃがいもがくずれるくらいまで煮る。

肉・肉加工品の赤ちゃんが食べていいもの悪いもの

ささ身の次に鶏胸肉・鶏もも肉を。鶏肉に慣れたら、牛肉→豚肉の順で。

- 肉ア：肉アレルギーがある。
- ゴ：ゴックン期 5〜6カ月
- モ：モグモグ期 7〜8カ月
- カ：カミカミ期 9〜11カ月
- パ：パクパク期 1才〜1才6カ月

- ○：食べやすいかたさや形状に調理し、適量ならOK
- △：「様子を見ながら少しだけ」など条件つき
- ✕：肉アレルギーの子はNG、または、塩分や脂肪分が多いなど赤ちゃんには不向き

鶏ささ身

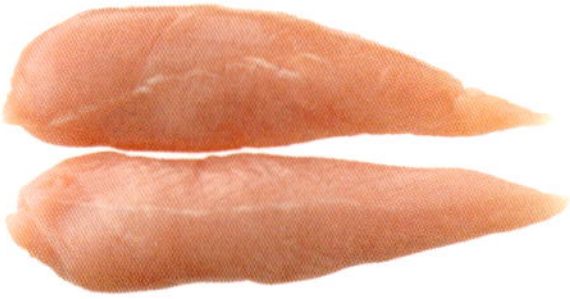

肉ア ✕　ゴ ✕　モ ○　カ ○　パ ○

低脂肪で胃腸に負担の少ないささ身は肉のスタートに◎

ささ身は鶏胸肉の内側にあるやわらかくて消化吸収のよい部位です。脂肪分は100g中0.8gとわずか。筋はとり除いてから使います。加熱するとパサつきやすいので、とろみをつけて食べやすくする工夫をしましょう。

牛赤身肉・牛赤身ひき肉

肉ア ✕　ゴ ✕　モ ✕　カ ○　パ ○

カミカミ期以降、意識したい吸収のよいヘム鉄が豊富

モグモグ期に鶏肉に慣れたら、カミカミ期からOKに。脂肪の少ない赤身を選びます。牛肉のたんぱく質は消化吸収がよく、鉄も豊富です。薄味の肉じゃがやトマト煮など、いろいろな味つけ・調理法にトライしてみてください。

鶏胸肉・鶏もも肉・鶏ひき肉

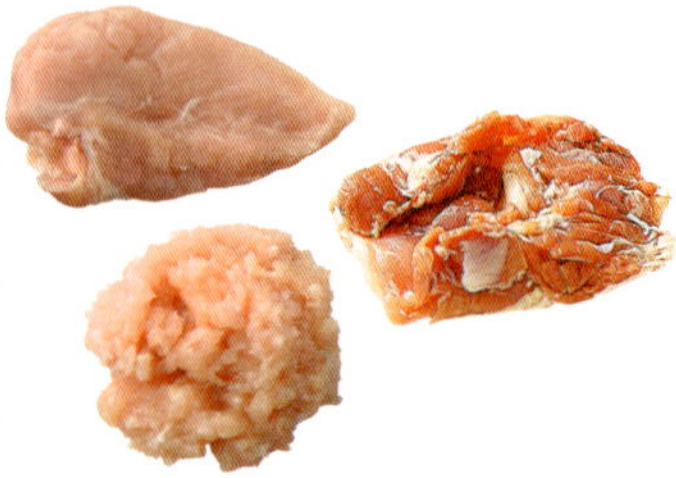

肉ア ✕　ゴ ✕　モ △　カ ○　パ ○

ささ身に慣れたらトライ！皮や脂肪をとり除いて調理

皮をとり除くと、100g中の鶏胸肉の脂肪分は1.5g、鶏もも肉の脂肪分は3.9g。どちらもささ身よりは多いですが、牛や豚赤身肉よりは少なめです。鶏ひき肉は表示を見て、できれば脂肪の少ない鶏胸肉のひき肉を選びます。

牛豚合いびき肉

肉ア	×
ゴ	×
モ	×
カ	△
パ	○

**白っぽいものは避けて
脂肪の少ない肉を選んで**

豚肉と牛肉をまぜてひいたもの。脂肪が多いと赤ちゃんの体には負担です。見た目にも脂肪の白っぽさが目立つものは避けて、赤身の多いものを選んで。ひき肉は空気にふれる部分が多く、いたみやすいので早く使い切ります。

豚赤身肉・豚赤身ひき肉

肉ア	×
ゴ	×
モ	×
カ	○
パ	○

**牛肉に慣れたら少量ずつ
よく加熱して与えること**

豚肉は寄生虫の問題があります。よく火を通すことが原則とはいえ、どちらかといえば牛肉を先に食べ、牛肉に慣れてから豚肉を進めるのが安心。ビタミンB_1が豊富に含まれ、玉ねぎやねぎと調理すると吸収率が高まります。

ハム・ソーセージ

肉ア	×
ゴ	×
モ	×
カ	△
パ	△

**無添加で低塩ならばベスト。
味だしに少量を使うくらいに**

卵・牛乳アレルギーの場合は表示を確かめ無添加のもので、さらに低塩があれば選んで。とはいえ塩分が多いので、味だしに少量を使うくらいに。特定原材料7品目を含まないハムやウインナーもスーパーなどで手に入ります。

レバー

肉ア	×
ゴ	×
モ	×
カ	○
パ	○

**カミカミ期になったらOK。
効率よく鉄を補給できる**

鶏、牛、豚のどれでもOKですが、鶏レバーがやわらかく、扱いがラク。牛乳にひたしてくさみを抜いてから、熱湯でゆでます。鉄補給には最適ですが、調理が面倒であれば、ベビーフードのレバーを活用してもいいですね。

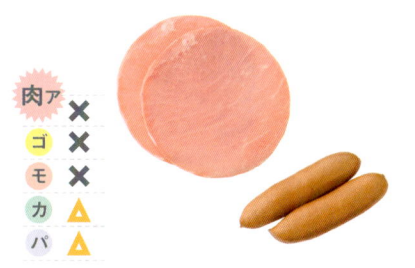

大豆・大豆製品

はじめてのたんぱく質源食品におすすめ！大豆アレルギーの重症例は少なく、除去でも数年で食べられるケースがほとんどです。

どんな栄養があるの？

植物性たんぱく豊かな「畑の肉」。カルシウムや鉄の補給にも◎

主成分がたんぱく質であることから、「畑の肉」といわれる大豆。豆類の中でも、植物性の良質なたんぱく質をたっぷり含みます。豆は消化がよくないですが、すりつぶしてこして作る豆乳や豆腐は消化吸収がよく、離乳食にもってこい。トロトロに調理しやすいので、赤ちゃんにはじめて与えるたんぱく質源食品として最適です。納豆は発酵により大豆を上回る栄養価ですが、腸内細菌叢《そう》（※）が完成する1才までは刻んで加熱してあげましょう。

大豆製品には、9カ月以降に不足しがちな鉄やカルシウムも豊富に含まれます。卵アレルギーや牛乳アレルギーの場合には、ぜひ大豆の栄養をとり入れてください。

食物アレルギーの特徴は？

完全除去になることは少なく しょうゆやみそは多くの場合ＯＫ

大豆アレルギーは完全除去が必要になるケースは比較的少なく、多くは数年で食べられるようになります。かつて「大豆油が湿疹を悪化させる」といわれましたが、使い回して酸化した油はどれも湿疹の悪化因子になることがあり、アレルギー反応によるものではないと考えられています。大豆油にはたんぱく質の残存はわずかなので、症状が出ることは非常にまれです。

また、みそやしょうゆなどの発酵食品は、たんぱく質が分解されているため、ほとんどの場合に問題なく食べられます。大豆のアレルゲン性はしょうゆ→みそ→納豆→豆腐→豆乳の順に強くなります。

※多種多様な腸内細菌の集まり。

●目安は 5 ～ 6 カ月ごろ

●はじめのひと口は「絹ごし豆腐」から

※すでにアレルギー科を受診し、離乳食の進め方について相談している場合は、医師の指示に従ってください(P.31参照)。

基本の下ごしらえ

すりつぶす

すり鉢ですりつぶし、少しとろみのあるトロトロに。必要なら湯冷ましやだしでのばして、のみ込みやすいかたさに調節してあげましょう。

さっと湯通しする

豆腐は木綿でもかまいませんが、やわらかくてトロトロにしやすいのは絹ごしです。熱湯でさっと湯通しして、表面を加熱殺菌します。

形状チェック!

赤ちゃんスプーン1さじを与える

スプーン1さじをすくって食べさせます。食欲があっても、最初は1さじに。

OKだったら

少しずつ量をふやしましょう

豆腐を食べたあと、体調に変化がなければ、はじめのひと口はクリア。量を少しずつふやします。ゴックン期で25g(3cm角1個)くらい食べてOK。

こんなときは受診

- 食べたあと、すぐに顔や体が赤くなる
- 食べるとすぐ嘔吐する

←P.112へ

大豆製品を除去する場合は、何で栄養を補えばいい?

↓

ほかのたんぱく質源食品を

動物性のたんぱく質源食品を食べることで、栄養バランスはととのいます。たんぱく質にプラスして、魚で良質な脂質、卵・肉で鉄、乳製品でカルシウムを補うことができます。

肉

魚

卵

乳製品

大豆製品

1食分の目安量

豆腐はかむ力に合わせて、絹ごし→木綿へ。納豆は粘りがあり、赤ちゃん好みの食材です。

ほかの食品では

豆腐 25g

納豆× まだ食べさせません

ゴックン期 5〜6カ月ごろ

豆腐に野菜の甘みをプラス

さつまいも&にんじん豆腐

材料(1回分)

絹ごし豆腐…25g(3㎝角1個)

さつまいも…15g(2.5㎝角1個)

にんじん…10g(2㎝角1個)

作り方

①さつまいもとにんじんはやわらかくゆでる(ゆで汁はとっておく)。

②豆腐は熱湯にさっとくぐらせる。

③①、②を裏ごししてまぜ合わせ、ゆで汁でのばす。

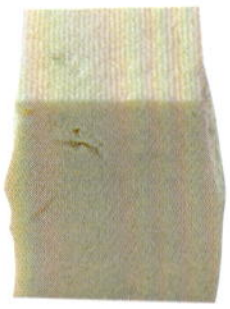

ほかの食品では

豆腐 30〜40g

納豆 10〜15g

モグモグ期 7〜8カ月ごろ

ネバネバがとろみ代わりに!

キャベツの納豆あえ

材料(1回分)

ひき割り納豆…12g(大さじ1)

キャベツの葉…15g(¼枚)

作り方

①キャベツはやわらかくゆで、こまかく刻む。

②納豆は耐熱容器に入れてラップをかけ、電子レンジで約10秒加熱する。

③①と②をまぜ合わせる。

*納豆は加熱して与えると消化吸収がよくなります。

●1食分の目安量は、たんぱく質源食品1種類を使用した場合の目安です。2種類以上のたんぱく質源食品を使う場合は、量をそれぞれ減らしてください。
●食べる量は個人差が大きいので、分量はあくまでも目安。赤ちゃんの食欲や成長・発達に合わせて調整してください。

ほかの食品では
豆腐 50～55g
納豆 20g

パクパク期 1才～1才6カ月ごろ

かつお節で手軽に味つけ♪

豆腐ハンバーグ

材料（1回分）

木綿豆腐…50g（1/6丁）
にんじん…10g（2cm角1個）
かたくり粉…小さじ1
かつお節…2～3g（1/2袋）
植物油…少々

作り方

①にんじんは皮をむいてやわらかくゆで、みじん切りにする。
②豆腐は水けをきり、①、かたくり粉、かつお節を加えてまぜる。3等分し、小判形に成形する。
③フライパンに植物油を熱し、②を並べ、両面を色よく焼く。

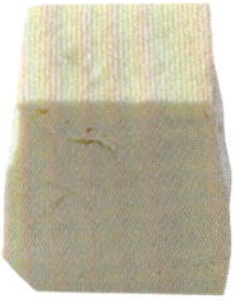

ほかの食品では
豆腐 45g
納豆 18g

カミカミ期 9～11カ月ごろ

トマト＋だしでうまみが倍増

豆腐とトマトのうま煮

材料（1回分）

木綿豆腐…45g（1/6丁弱）
トマト…30g（1/5個）
だし…1/4カップ
水どきかたくり粉…少々
かつお節…少々

作り方

①豆腐は1cm角に切る。トマトは皮と種を除き、5mm角に切る。
②小鍋に①とだしを入れて煮立て、弱火で1～2分煮る。
③水どきかたくり粉でとろみをつけ、器に盛り、かつお節をのせる。まぜて食べさせる。

大豆・大豆製品の 赤ちゃんが食べていいもの悪いもの

栄養も食べやすさも、離乳食向き。
どれも大豆の栄養が詰まっています。

大豆ア	大豆アレルギーがある。
ゴ	ゴックン期 5～6カ月
モ	モグモグ期 7～8カ月
カ	カミカミ期 9～11カ月
パ	パクパク期 1才～1才6カ月

○	食べやすいかたさや形状に調理し、適量ならOK
△	「様子を見ながら少しだけ」など条件つき
×	大豆アレルギーの子はNG、または、塩分や脂肪分が多いなど赤ちゃんには不向き

豆腐

大豆ア	×
ゴ	○
モ	○
カ	○
パ	○

大豆の栄養が丸ごととれて消化吸収もよい健康食品！

高たんぱくで胃腸に負担をかけないので、ゴックン期の最初のたんぱく質源食品にぴったり。水分が多く舌ざわりのなめらかな絹ごし豆腐からスタートして、かみごたえがほしくなったら木綿豆腐や焼き豆腐を利用しても。

高野豆腐

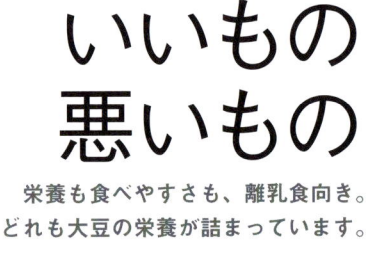

大豆ア	×
ゴ	△
モ	○
カ	○
パ	○

保存がラクで栄養も豊か。すりおろしても使いやすい

豆腐の栄養が凝縮されていて、たんぱく質が50%以上、良質の脂質やカルシウム、鉄も豊富です。乾物なので買い置きできるのも便利。水やヨーグルトでもどして刻むほか、乾燥のまますりおろせば、ゴックン期から役立ちます。

豆乳

大豆ア	×
ゴ	○
モ	○
カ	○
パ	○

無糖で大豆だけならゴックン期から活用できる

調整豆乳と無調整があります。表示を確かめて、無糖で大豆だけならゴックン期からOKです。牛乳アレルギーの子は、ポタージュや煮物などに牛乳の代替として利用しましょう。甘い豆乳飲料はできるだけ与えないで。

きな粉

大豆	
ア	×
ゴ	○
モ	○
カ	○
パ	○

粉のままだと気管に入る危険が。必ずしっとり湿らせてあげて

大豆をいって砕き、粉にしたもの。青大豆で作った薄緑のきな粉もあります。いずれも煮大豆より消化吸収がよく離乳食にもOKですが、粉の状態で与えると気管に吸い込むおそれがあります。必ず湿らせて（P.99参照）。

納豆

大豆	
ア	×
ゴ	×
モ	○
カ	○
パ	○

引き割り納豆

粒納豆

発酵により栄養価が高い！独特のねばりも赤ちゃん好み

大豆そのものより栄養価が高い優れた食品。ゆでた野菜などをあえると独特のねばりで食べやすくなり、赤ちゃんに人気です。モグモグ期はひき割り納豆が、刻む手間がなく便利。１才までは加熱すると消化吸収がよくなります。

厚揚げ・油揚げ

大豆	
ア	×
ゴ	×
モ	×
カ	△
パ	△

熱湯でよく油抜きするか、あえて使わなくても

いずれも豆腐を油で揚げたものなので、油抜きしても油が多すぎるうえ、奥歯がないとかみつぶせません。熱湯をかけるか、ゆでて油をよく落とすかして、刻んであげないと×。赤ちゃん時代にはあえて選んで使わなくても。

大豆（水煮・ドライパック）

大豆	
ア	×
ゴ	×
モ	×
カ	○
パ	○

調理に手間がかかるのでカミカミ期以降でも

消化の悪い薄皮をむいたり、刻んだりつぶしたりする調理がちょっと大変なので、カミカミ期からが無難。納豆の粘りが苦手という赤ちゃんにもおすすめ。ポロポロするので、おにぎりやお焼きにまぜると食べやすいです。

ほかの豆類はどうする？

やわらかく調理すれば離乳食にOK。アレルギーの発症は個別に確認を

大豆以外の豆類は、糖質も多く、やわらかいので離乳食に向いています。ただ、大豆アレルギーの場合は、ほかの豆類でどのくらい症状が出るかはわかっていません。種が近いため症状が出ることがあるので、はじめて食べるときは個別に確認する必要があります。

豆類（水煮・ドライパック）

大豆ア	△
ゴ	×
モ	△
カ	○
パ	○

缶詰を利用すると手軽！薄皮はとり除いてあげて

市販の水煮やドライパックの豆類はやわらかく加工してあり、たんぱく質が約20％、糖質が約60％と糖質が多いため、つぶしやすいです。薄皮をとり除いて食べやすく調理して、煮物やスープ、サラダなどに使いましょう。

枝豆・グリーンピース

大豆ア	△
ゴ	×
モ	△
カ	○
パ	○

調理が面倒でなければ離乳食にも活用してみて

枝豆は大豆がまだ熟さない青いうちに収穫したもの。ゆでても実がかたいので、刻んでモグモグ期から。グリーンピースは旬の時期にはさやつきの生が出回ります。やわらかくゆで、薄皮をむけばすりつぶすのは簡単です。

そら豆

大豆ア	△
ゴ	○
モ	○
カ	○
パ	○

トロトロにしやすいので旬の味わいをゴックン期から

生のそら豆は乾燥に弱いので、早めに調理を。さやから出して熱湯で４～5分ゆで、薄皮をむいてつぶします。たんぱく質と鉄、ビタミンB_1が豊富で、旬の時期にはとりわけ栄養がたっぷり。離乳食にもぜひ使ってください。

そのほかの食品についても不安をすっきり解消！

赤ちゃんが

食べてはいけない 注意したい食品

食物アレルギーや窒息のリスクを考慮して、離乳食では「与えない」、または「注意して与える」食品について解説します。

食物アレルギーのリスクがあるので要注意

ごま

気管に吸い込む事故も！ ねりごまもアレルギーが心配

粒ごま、すりごまは吸い込んで気管に入るおそれがあるため、離乳食では禁止。ごまをすりつぶしたねりごまも、油脂が多くアレルギーの心配があるので、注意が必要です。ごまは頻度は少ないものの、一部は微量でアナフィラキシーを誘発することがあります。

ピーナッツ（ナッツ類）

強いアレルゲン性があって幼児期での発症が多い

ごまと同様に、誤って気管に入る事故の多い食品。種子の中にある貯蔵たんぱく質に強いアレルゲン性があり、ロースト（焙煎）することで反応がさらに強くなります。ピーナッツやピーナッツ油は、カレールウ、菓子類などの加工食品で使用されることもあります。

そば

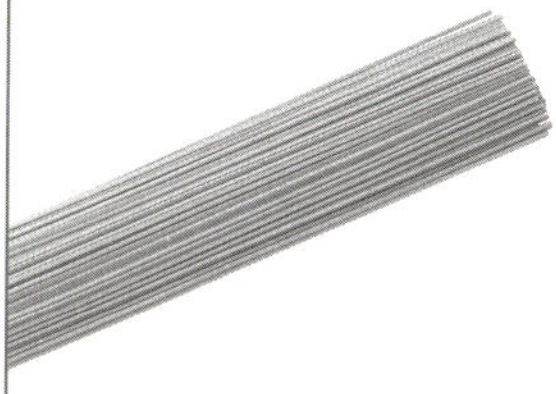

重症化しやすいアレルゲン。離乳食では与えなくても

症状が出ると、重症化することが多く、耐性を獲得しにくいです。原因となるたんぱく質は水にとけ、熱にも強いため、ゆでる蒸気や同じ釜でゆでたうどんにもアレルギー反応を起こすことがあります。食べさせるときは、皮膚や便などの様子を見ながら慎重に。

離乳食では野菜や果物での発症は少ない

花粉症を持っている学童期〜大人に多いのが「口腔アレルギー症候群」

赤ちゃんで、野菜や果物を食べてアレルギー反応が出る場合はごくまれ。花粉症を持った学童期から成人の女性に多いのは、果物や生野菜などを食べた直後に、唇や舌、口の中がはれたり、かゆみやイガイガ感が起こる「口腔アレルギー症候群（OAS）」です。花粉と、果物や野菜に含まれるたんぱく質が似ているために、アレルギー反応が起きます。報告が多い食品は、りんご、さくらんぼ、桃、キウイフルーツ、セロリ、にんじん、トマトなどです。

加工食品では 27 品目に表示の制度がある

表示を推奨されているが、表示義務はない20品目
（特定原材料に準ずるもの）

あわび　いか　いくら　オレンジ

キウイフルーツ　牛肉　くるみ　鮭

さば　大豆　鶏肉　バナナ　豚肉

まつたけ　桃　やまいも　りんご

ゼラチン　カシューナッツ　ごま

↓

表示食品＝危険ではありません。除去しているときは参考にして

加工食品には、アレルゲンを表示する制度があります。表示項目は過去に行われた全国調査に基づいて選ばれていますが、表示を推奨されている20品目には、牛肉・鶏肉・豚肉やゼラチンなど、現在、アレルギーの症例がごく少ないものもあります。ですから「表示食品＝食物アレルギーになりやすい食品」とは限りません。

表示義務のある7品目
（特定原材料）

卵

乳　小麦

えび　かに

落花生

そば

↓

7品目が含まれていても表示されない加工食品もある

表示されるもの

- あらかじめ箱や袋で包装されている加工食品
- 缶詰やびん詰めの加工食品

表示されないもの

- 対面販売されるそうざいや弁当
- 店舗で製造直売されるパンや和菓子
- 飲食店のメニュー

赤ちゃんは
こんな食品も注意しましょう

のどに詰まる危険が！

- **もち**
- **白玉だんご**
- **こんにゃく**
- **あめ玉**
- **ミニトマト**
- **生のりんご**
- **キャンディチーズなど**

十分にかみ砕けない食品は与えない

食べ物をのどに詰まらせて窒息する事故は、乳幼児で多発！　赤ちゃんは奥歯が生えそろっていないため、十分にかみ砕けない食品は与えません。歯ぐきでかんでつぶせるやわらかさに調理したり、小さく刻むなどして、丸飲みしない工夫を。もちは2才まで与えないでください。

誤嚥（気管に入る）危険が！

- **きな粉**
- **ナッツ類**
- **豆類など**

かたいかけらに注意！粉類は湿らせること

誤嚥（ごえん）とは、誤って気管などにものを吸い込むこと。きな粉は、むせないように必ず湿らせてあげます。ナッツや豆類など、かたい小さなかけらも注意が必要です。ナッツは４才以降にします。びっくりしたり、泣いたりすると誤嚥しやすいため、落ちつく環境で食べる様子を見守って。

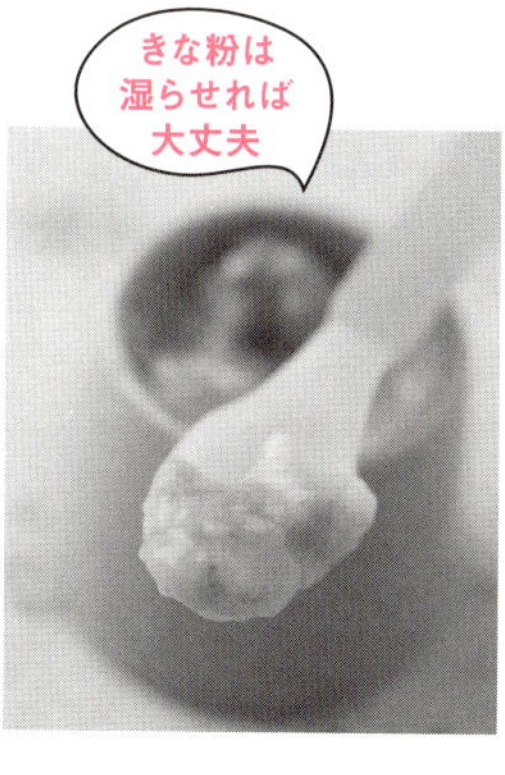
きな粉は
湿らせれば
大丈夫

ボツリヌス菌混入の危険が！

- **はちみつ**
- **黒砂糖など**

１才以降、抵抗力がついてから与える

はちみつにはボツリヌス菌による食中毒の報告があります。必ず、１才を過ぎて抵抗力がついてから与えましょう。黒砂糖は、はちみつと製法が同じため、食中毒の報告はありませんが避けたほうが安心です。メープルシロップはモグモグ期からOK。

１才を
過ぎてから
はちみつって
ダメなのね～！

離乳食の調味料の目安

赤ちゃんの体に負担をかけないように、離乳食時代はなるべく調味料を使いません。
素材そのものの味を楽しみましょう！

1才を過ぎたら

大人の2〜3倍に薄めてあげる

モグモグ期以降 7カ月〜

塩 砂糖 しょうゆ みそ 穀物酢がOKに

いずれもごく少量を

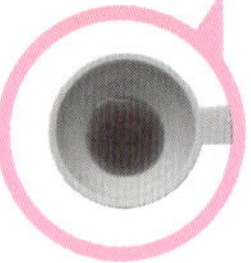

ゴックン期 5〜6カ月ごろ

調味料はまだ使いません

だしのうまみ、バナナや育児用ミルクの甘み、トマトの甘ずっぱさなどを利用して、味に変化をつけましょう。

大人がよく使う調味料をチェック！

酒・みりんは…

加熱すればカミカミ期から

加熱して完全にアルコールをとばせば、少量ならカミカミ期からOKです。魚のくさみを消す効果が大。

めんつゆ・ポン酢しょうゆは…

風味づけに数滴たらす程度に

できれば無添加を選び、カミカミ期以降、風味づけに1〜数滴たらす程度に。※「原材料の一部に大豆、小麦を含む」と表示されている場合も、基本的には原材料のしょうゆに含まれるものなので、ほとんどは使用可。

マヨネーズは…

生卵が含まれるので1才まではNG！

1才未満の赤ちゃんは、必ず加熱してから。ほとんどが油脂で味も濃いので、使うとしてもごく少量に。

だし・スープのもとは…

食塩・化学調味料無添加ならOK

「かつおだしパック」や「野菜だしパック」は、表示を確認して食塩・化学調味料無添加のものを。

ソースは…

刺激が強いので1才まではNG

スパイスや塩分が多いので、1才までは与えないで。それ以降もごく少量に。※小麦の含有に注意して。

トマトケチャップは…

モグモグ期以降に。ピューレのほうが◎

味が濃いので、モグモグ期以降、小さじ½を上限に。赤ちゃんには無添加のトマトピューレがおすすめ。

離乳食の油脂の目安

油脂は効率のよいエネルギー源になりますが、赤ちゃんは消化吸収が苦手です。調理に使う油は、量を守りましょう。

パクパク期 1才～1才6カ月ごろ	カミカミ期 9～11カ月ごろ	モグモグ期 7～8カ月ごろ	ゴックン期 6カ月以降
1食で1種類を 小さじ1	1食で1種類を 小さじ3/4	1食で1種類を 小さじ1/2	1食で1種類を 小さじ1/4

●オリーブ油
バターに慣れてから。加熱に強く、酸化しにくいため、調理用の油脂としておすすめ。

●バター
消化吸収のよい乳脂肪なので、はじめて使う油脂として最適。赤ちゃんには無塩タイプを。

●亜麻仁油・しそ油・えごま油
抗炎症効果のある油ですが、熱に弱く酸化しやすいため、生で使うことがポイント。

●植物油全般
米油、なたね油などの植物油は、バターに慣れてから。※ごま油は、ごまアレルギーの場合は主治医に相談して必要なら除去します。

体の負担にならない範囲で使用を

腎機能が未熟な赤ちゃんには、塩分は体の負担になってしまいます。ゴックン期では味つけをせず、モグモグ期（7カ月以降）で「塩ほんのひとつまみ」にし、この基準を1才までは続けましょう。1才を過ぎたら、大人の食事から取り分けることが多くなりますね。そのときは、大人の食事を2～3倍に薄めてあげます。なお、しょうゆ、みそ、穀物酢は、小麦アレルギーや大豆アレルギーでも、微量反応する重症なケースでなければ除去する必要はありません。

油脂は、1回量を守ります。揚げ物なら、素揚げやから揚げはカミカミ期（9カ月）からOKですが、フライや天ぷらは1才以降に。油の量が心配なときは、衣をはがしてあげてください。使い古した油は酸化して湿疹の悪化因子になるので、新鮮な油を使いましょう。また、亜麻仁油やしそ油、えごま油に含まれるn－3系脂肪酸（α－リノレン酸）には抗炎症効果があります。加熱に弱いので、サラダなどに生のまま使いましょう。

幼児食は離乳食の延長です。除去食でも「食べられるだけ食べる」

消化能力もかむ力もまだ発達途上

離乳食では、母乳やミルク以外の新しい味を受け入れ、そしゃくして飲み込むことの基礎を覚えてきました。

そして、歯ぐきでかめるかたさの離乳食を1日3回きちんと食べ、おやつを1日1～2回、コップでミルクか牛乳を300～400㎖（またはそれに相当する乳製品）をとれるようになったら、いよいよ離乳食は卒業。早ければ1才、遅くとも1才半には幼児食へ移行しましょう。

といっても、いきなり大人と同じものは食べられません。消化機能は発達途上ですし、奥歯が生えそろう3才前後までは、かむ力も不十分。薄味にして、小さく切る、やわらかく加熱するなど、食べやすくしてください。

スプーンやフォークの使い方も少しずつ上達しますが、

1回に食べる量の目安

1～2才：ごはん 80～100g ＋ 肉・魚 30gくらい ＋ 野菜 50～70g ＋ 汁

3～5才：ごはん 100～120g ＋ 肉・魚 40～50gくらい ＋ 野菜 80～100g ＋ 汁

1日の推定エネルギー必要量

年齢	男	女
1～2才	950kcal	900kcal
3～5才	1300kcal	1250kcal
大人（30～49才／活動レベル：普通）	2650kcal	2000kcal

※「日本人の食事摂取基準（2015年版）」より

まだ1食すべてを自分で食べることはむずかしく、大人のサポートが必要です。箸は、指先に力が入れられる3才過ぎから練習すれば十分。じょうずに使えるようになるのは、4〜6才と幅があります。

除去食は「一定量を食べる」発想で

　除去食を続けている場合には、離乳食のときと同様に、同じ栄養のとれるほかの食品を利用しましょう。定期的に検査を受けて、最小限の除去をしてください。

　お母さんが「食べないでいるほうが安心」と思って完全除去にしてしまうと、トラウマになって「食べられるようになっても食べない」という事態になりかねません。食物アレルギーは、ある日突然治るわけではありません。食物経口負荷試験で、原因になっている食べ物が「○gまでなら食べて大丈夫」とわかったら、症状が出ない範囲で「食べられるだけ食べる」ことで早く治すことができます（P.116参照）。だから、ちょっとでも食べられるのなら、「食べられてよかったね、おいしいね！」という経験をたくさんさせてあげてください。

かたさ・大きさの目安をチェック！

1才半〜2才ごろ

奥歯が生えはじめたばかり。かたさはパクパク期とほぼ同じ

離乳食完了のころ、第一乳臼歯が生えてきます。とはいえ、上下の歯で「かんですりつぶす」練習はスタートしたばかり。ミートボールくらいのやわらかさが適しています。

2才半〜3才半ごろ

子どもの歯並びが完成してかたいものもかむ力がアップ！

３才前後に第二乳臼歯が生え、奥歯８本が生えそろって子どもの歯並びが完成。やわらかい鶏のから揚げ、焼き魚、煮物なども、じょうずにかみつぶして食べるようになります。

上田先生教えて！

離乳食 Q&A

悩めるお母さんの疑問に
乳幼児の「食」の専門家・上田先生
が答えてくれました。

はじめ方 進め方

Q

小食で２回食→３回食に進められません

（10カ月・女の子）

A

食が細くても９カ月になったら３回食ですよ

離乳食開始から１カ月ほどで２回食に、９カ月中には３回食にし、食事から60%以上のエネルギーや各栄養素をとるようにしてください。食が細い子は１回量が少なくなってもよいので、空腹を感じるように３回の食事のリズムをつくってあげることが大切。

Q

はじめて１週間たってもじょうずにゴックンできないのはおかしい？

（５カ月・女の子）

A

食べることは初体験だからじょうずにできなくて当たり前

べぇ～と舌で押し出しているなら、スプーンを奥に入れていませんか？　下唇の上にスプーンをのせて、上唇でとり込むようにするといいですね。おかゆの味をいやがっているなら、最初は母乳やミルクにかたくり粉でとろみをつけて、トロトロにして試してもいいですよ。

Q

アレルギーが心配でまだ離乳食をはじめていません

（８カ月・男の子）

A

すぐにスタートしましょう！

母乳だけでは成長に必要なエネルギーや栄養素が足りなくなるし、かむ力も順調に育ちません。食物アレルギーが心配なら、まずは医師に相談を！　離乳食はすぐにはじめ、目安の進め方よりスピードアップしてかまわないので、1カ月ほどでモグモグ期に追いつきましょう。9カ月中には３回食へ。

栄養

Q 野菜とおかゆだけでたんぱく質源食品をあげていません。アレルギーが気になって…

（8カ月・女の子）

A 成長や健康の維持に必要な栄養素が不足します

食べる意欲があるのに、お母さんの判断で食事制限をしてしまうのは残念。豆腐や白身魚からはじめ、好きな野菜を牛乳や豆乳で煮る、おかゆに卵黄をまぜておじやにするなど、少しずつたんぱく質源食品(P.39参照)をプラスしましょう。

Q 卵料理は手軽なのでよく作るのですが頻繁にあげても大丈夫？

（10 カ月・女の子）

A 1回量を守っていれば毎日食べていいですよ

卵アレルギーでなければ、栄養豊富な卵は親子ともに毎日食べたい食品。といっても“卵ばっかり”ではなく、朝は卵と牛乳、昼は魚、夜は肉、というふうに、たんぱく質源食品をバランスよく組み合わせるのが理想的ですね。

Q さまざまな食材をあげるとアレルギーになりやすいと聞いたのですが、ホント？

（8カ月・女の子）

A 目安の時期を守れば大丈夫。むしろ生きる力がつきます

目安の開始時期を守っていれば、さまざまな食べ物を食べるほうが体に耐性がついてアレルギーになりにくくなるし、雑食であることは生物としての生きる力も強いんですよ。味覚やかむ力の発達にとっても、好ましいことです。

赤ちゃんの「食べる」は、こんなふうに発達します

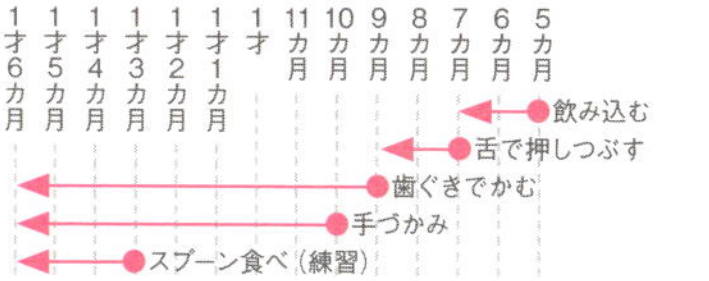

＊発達は個人差が大きいので、あくまでも目安にしてください。

食べない 食べすぎ

Q

食器を片づけると大激怒！ 足りないのでしょうか？

（女の子・10カ月）

A

食欲はその子の個性。 食べたい量をあげましょう

食べる量は赤ちゃんの食欲にまかせていいですよ。食事が目安量より多くても、体重のふえ方が発育曲線に沿っていれば「おかわりOK」です。早食いにならないよう、スプーンはゆっくり運んでください。また、この時期は「手づかみ」食べにより自分のひと口量やトータル量を学んでいます。十分に手づかみ食べをさせてあげてください。

肥満傾向？ 急に垂直な線を示して体重がふえ続けている場合は、運動不足や甘いものの食べすぎはないか、点検してみて。

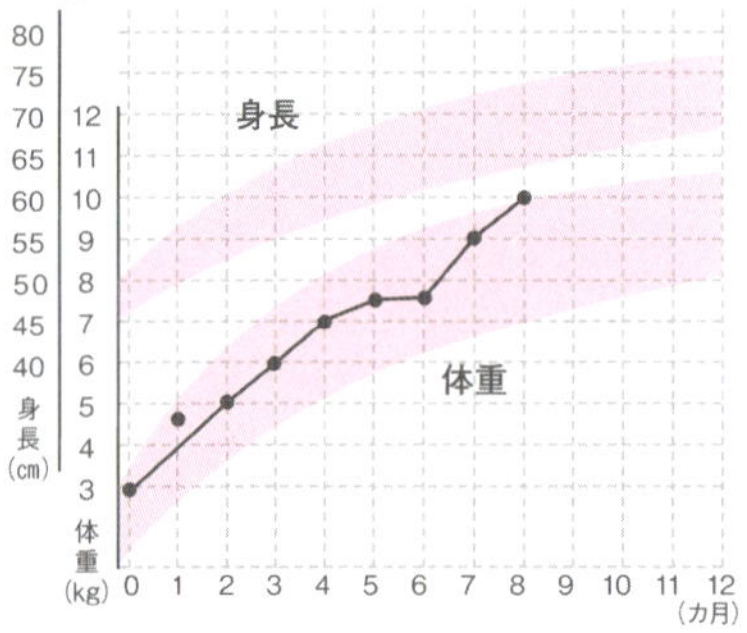

Q

おっぱい大好き。 小食で困っています

（1才3カ月・男の子）

A

鉄不足が心配です。 断乳を考えましょう

小食でも元気があって、体重のふえ方が発育曲線に沿って上向きなら大丈夫。ただ、①体重のふえ方が悪い、②離乳食が順調に進まない、③夜間授乳がある、④夜泣きがある、の４つがそろった場合は断乳を考えてください。貧血にならないように食事から鉄を補給しましょう。

栄養不足？ 発育曲線の範囲内でも、急に体重がふえなくなって体調に問題があるようなら、小児科を受診しましょう。

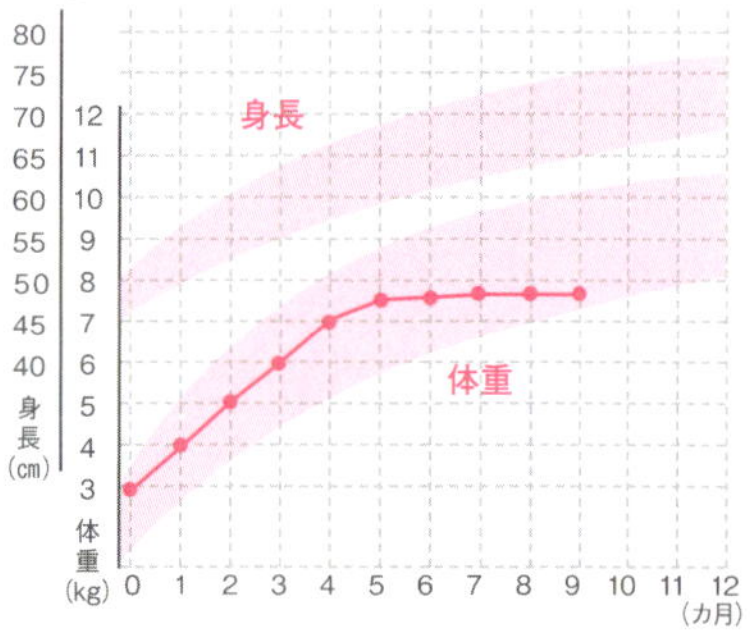

好き嫌い 食べムラ

Q
意気込んで作っても その日の気分で 食べないことも(涙)
(女の子・1才2カ月)

A
赤ちゃんは気まぐれ。そんな日もあるさ!と思って

昨日は喜んで食べたのにいやになったり、急に食べる量が減ったり、特定の食べ物に執着したりするのは、よくあること。好みがコロコロ変わるのは、成長している証拠なのです。無理じいは逆効果なので、あまり今の状態にこだわらずに様子を見ましょう。

Q
和風以外の味つけは 食べてくれません!
(男の子・8カ月)

A
大人の食事から 少し取り分けてみても

味覚は小学5年生ごろまでの間に発達し、生きている限り変化していくので、あせらなくても大丈夫。洋食を全く食べなかった子が、給食では大好きになることも。大人のシチューなどを少し取り分けてあげても、「おいしい」と思ってくれるかもしれません。

Q
鶏ささ身、ツナなど ボソボソするものは オエッと出してしまいます
(男の子・8カ月)

A
とろみを加えるなど 食べやすく工夫してみて

舌と上あごでつぶして食べるモグモグ期は、指でつぶせる豆腐くらいのかたさが赤ちゃん好み。ボソボソする肉や魚は、そのままでは食べにくいのです。こまかく刻んでおかゆにまぜる、とろみをつけるなど、工夫しましょう。

Q
食べる食材が偏っています。同じものばかりで大丈夫?
(男の子・8カ月)

A
1回に3つの栄養源が 入っていることが目標

食物除去がなくても、好き嫌いが多くて食べるものが限られる、というお母さんは多いです。たとえば野菜なら「かぼちゃばっかり」でも、今はよし! 1回の食事で3つの栄養源グループ(P.39参照)から食品を組み合わせてとることを目標にしましょう。

遊び食べ 丸飲み

Q

かんでない！ そのまま 丸飲みしている みたい

（女の子・9カ月）

A

スプーンにのせる量や あげるテンポを見直して

お母さんが食べ物をどんどん口に入れてしまい、赤ちゃんが受け身で飲み込むだけになっていませんか？　スプーンにのせる量は半分くらいにして。口の奥ではなく下唇にのせ、上唇で食べ物をとり込むようにしてあげれば、自然にかむようになりますよ。

食べ物はスプーンの前半分にのせる。後ろ半分は、上唇でとり込めるスペースを残して。

上唇で食べ物をとり込むと、自然に舌の先端にのり、かむ動きにつながります。

Q

食べ物を 握りつぶしたり、 床に落としたり。 やりたい放題なんです！

（女の子・11カ月）

A

「遊び食べ」は食べる学習。 ある程度は自由にさせて

遊び食べは、赤ちゃんが自分で食べられるようになるために学習しているのです。かたいものは口から出してつぶしたり、下に落として割って食べやすくしようとしているのです。「自分で食べる」意欲を育てるためにも、ある程度は自由にやらせてあげたいですね。

Q

立ち上がったり、歩いたり… どうしたら集中するの？

（男の子・1才3カ月）

A

怒らずに 「座って食べようね」と伝えて

追いかけると、追いかけられること自体が楽しくなってしまうので、逆効果。お母さんはテーブルで「座って食べようね」と根気よく伝えることも大切です。ただ、赤ちゃんの集中力はせいぜい10〜15分。時間で区切って終わりにしてもいいですね。

Part 3

「あわてない」ために知っておきたい

赤ちゃんの 診断と治療

「もし食物アレルギーになったら、どんな変化があるの？」
予測できないことが、お母さんの不安にもなっています。
引き起こされる症状や、病院での診察、検査について
知っておくと、いざというときにあわてないですみますね。
正しい除去食は、「食べさせない」のではなく、
「食べられる範囲で食べていく」ことです。
実際に食物アレルギーになった親子の体験談もぜひ参考に。

アレルゲンは血液に入って全身に運ばれるためさまざまな症状が起こります

症状がすぐ出る即時型がほとんど

食べ物のアレルゲンは血流に乗って全身に運ばれるため、さまざまな症状が引き起こされます。

ＩｇＥ抗体を介する反応（Ｐ.９参照）は、食べてから15分以内、遅くとも2時間以内に症状が出ます（即時型）。まれに、食べてすぐ反応が出ず、半日や1〜2日後に症状が出る場合もあります（遅延型）。この場合、アレルゲンを特定するのがむずかしくなります。

皮膚症状が多く、複数出ることも

症状で最も多いのは、皮膚症状です。赤くなる、じんま疹や湿疹が出る、かゆい、など、約9割の患者さんに見られます。また、嘔吐や下痢が起こることもあります。もっとも、赤ちゃんでは、湿疹や嘔吐はアレルギーでなくても起こることが多いです（Ｐ.１１３参照）。

せきやゼイゼイは、アレルギー症状のなかでも慎重に対応しなければなりません。声が出にくかったり、息苦しさを感じるようなら、急いで病院へ行ってください。

じんま疹（皮膚）とゼイゼイ（呼吸器）など、複数の臓器の症状が同時に起こる場合は、「アナフィラキシー」と呼ばれます。さらに、血圧の低下や意識を失うなどの状態になると、「アナフィラキシーショック」と位置づけられ、命にかかわる重い症状です。

全身にさまざまな症状があらわれます

皮膚

- 赤くなる
- 湿疹
- じんま疹
- かゆみ

口・鼻・目の粘膜

- 口の中・唇・舌の違和感、はれ
- 鼻水・鼻づまり・くしゃみ
- 目の充血・はれ・かゆみ

呼吸器

- のどが詰まった感じ
- 声がれ
- せき・ゼイゼイ
- 息が苦しい
- 呼吸困難

全身

- ぐったりしている
- 元気がない
- 血圧低下
- 意識を失う
- アナフィラキシー

消化器

- 腹痛
- 吐く
- 下痢

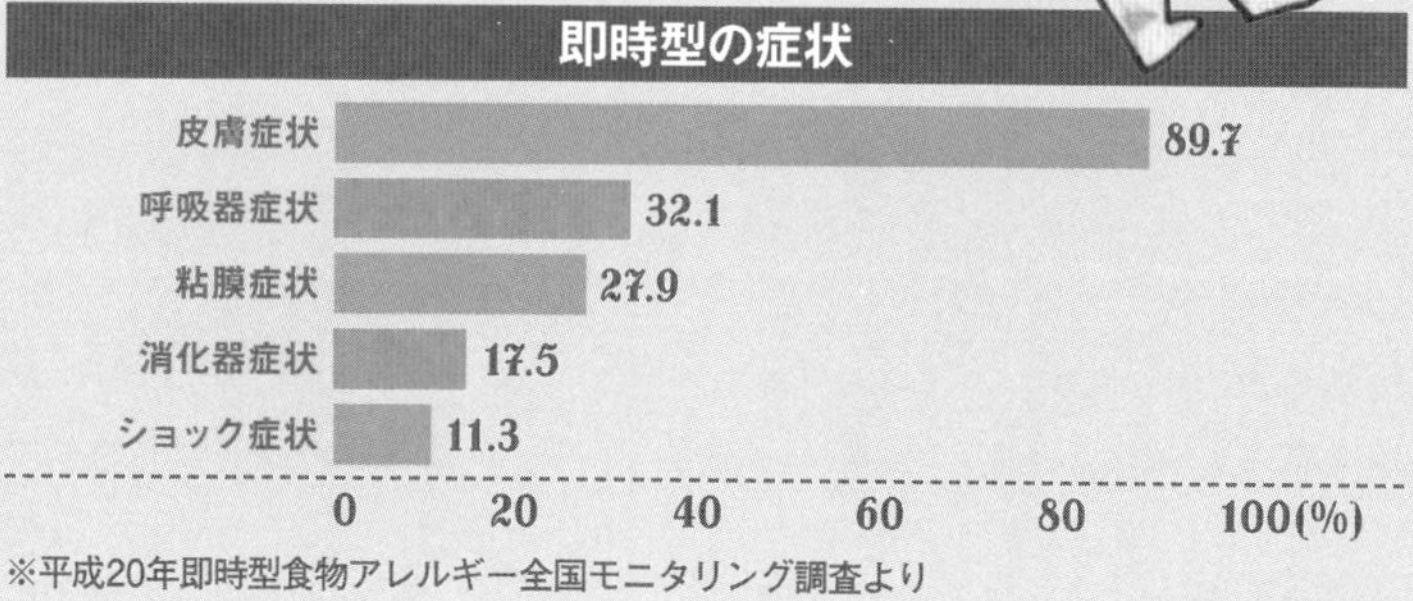

※平成20年即時型食物アレルギー全国モニタリング調査より

「食物アレルギーかも？」と思ったら、病院で診察を受けましょう

できればアレルギー専門医に相談を

赤ちゃんが離乳食をはじめる前でも、「湿疹が治らない」「お母さんが特定の食べ物（卵など）を食べて授乳すると、湿疹の悪化や皮膚の赤みが出る」という場合には、アレルギー反応かもしれません。

また、離乳食をスタートし、はじめて食べたもので症状が出る場合も、食物アレルギーが疑われます。

「これって食物アレルギーかも？」と思ったら、自己判断せずに、まずは病院へ。小児科医（または皮膚科医）で、できればアレルギーに詳しい医師（アレルギー専門医）に相談しましょう。

病院では、赤ちゃんの様子について詳しい聞きとりが行われます。ふだんから慢性的に湿疹などの皮膚症状がある場合は、まずはていねいなスキンケアを行います。それでも症状がおさまらないときに、食物アレルギーを疑って検査をするのが原則です。

「何を食べたか」の情報が診断のカギ

明らかに、お母さんが（または離乳食で）食べたものでアレルギー症状が出た場合には、そのときの様子を、医師に詳しく説明しましょう。どんな食べ物で、どんな症状が出たか、食べてから症状が出るまでの時間、消えるまでの時間、など。正しく診断するために、お母さんの説明は、最も有力な情報源になります。

何種類もの食品を食べているなら、食べたものをメモしておきます。加工食品で症状が出た場合には、パッケージを保管して、表示を確認することも役立ちます。

気になる症状があったら病院へ

きっかけ

食べたあとすぐに症状が出た！

湿疹が続くなど気になる症状がある

診察

病院へ行く前に確認しておきましょう

- はじめて症状が出た時期と具体的な症状（湿疹、じんま疹など）
- 症状が出たきっかけ（どんな食べ物を食べたかなど）
- その後の症状の経過（ずっと改善されない、一度よくなって再発したなど）
- これまでにかかった病院、検査結果、使用してきた薬の名前
- 家族のアレルギーの有無
- ペット（自宅や実家）、喫煙者の有無
- 症状の写真を持参するのも◯
湿疹の程度が確認でき、湿疹とじんま疹の区別がしやすくなります

疑わしい食べ物を検査する

念入りなスキンケアなどで様子を見る

これで湿疹やアトピー性皮膚炎がよくなるようなら、そのまま様子を見て、その後も定期的に受診してチェックします。

アレルギーでなくても、こんな症状は起こります

下痢や嘔吐
▶急性胃腸炎かも？

寒い時期に流行するノロウイルス、ロタウイルスや、細菌による急性胃腸炎（食中毒）のこともあるし、または、脂っぽいものを食べただけでも嘔吐や下痢は起こります。いずれにしても、赤ちゃんにはつらい症状なので、繰り返すようなら診察を受けるのが安心です。

口のまわりのかぶれ
▶ただの肌トラブル？

よだれや、離乳食の食品に含まれる塩分のせいで口のまわりがかぶれることもあります。赤ちゃんの肌はデリケートなので、こうしたトラブルは起こりやすいもの。「○○を食べてかぶれたから、食物アレルギー！」と決めつけないで、医師の診察を受けましょう。

検査で「陽性」と反応が出ても食べて症状が出ないことも多いです

６カ月ごろに検査をするのが一般的

疑わしい食べ物が見つかったら、検査を行います。日本では血液検査が主流ですが、皮膚プリックテストをするかどうかは医師の考えによります。

「検査はいつからできるの?」という質問が多いのですが、「いつから」という決まりはありません。重症の場合は、炎症の強さや全身への影響を考えて、3～4カ月でも検査をします。一般的には、離乳食をはじめる6カ月ごろが多いです。それは、3～4カ月で検査をして陰性でも、7～8カ月で陽性になる可能性があるからです。

ただ、検査で陽性でも、実際には食べて何の症状も出ないこともあります(偽陽性)。血液検査だと、クラス2までは症状が出ないことが多いので、少量ずつ食べはじめて様子を見てよいと思います。クラス3は重症度の差が大きく、症状の出る確率は半々くらい。赤ちゃんでクラス4～6あれば、とりあえず除去していいと考えます。

負荷試験はしないで除去することも

「食物経口負荷試験」は、病院で実際に食べて症状の出現を確認する、最も確実な診断法です。「どれだけの量を食べたら、どんな症状が出るのか」がわかり、その後の生活上の注意や、治していく見込みについて、適切なアドバイスを受けられるでしょう。ただ、強い症状が出る危険があるため、あえて行わない選択もあります。

赤ちゃんの場合は、検査の結果、卵白・牛乳・小麦などの抗体が高かったものはとりあえず除去して、1才を過ぎてから再度、血液検査をすることが多いです。

食物アレルギー診断の流れ

検査方法は2つ

皮膚プリックテスト

疑いのある食べ物のエキスを皮膚につけて反応を見る

血液検査の目的とほぼ同じで、IgE抗体を測定します。疑いのある食べ物から抽出したエキスを皮膚に1滴たらして、針で軽く刺したあとに反応を見ます。15分後に判定をして、蚊に刺されたように赤くはれていれば陽性。

血液検査

血液中の IgE 抗体の値から反応の出やすさを予測

疑わしい食べ物に対してIgE抗体がどのくらいあるか調べ、「アレルギー反応の出やすさ」を確認。結果は7つのクラス（0～6）で示されます。数値が高いほどIgE抗体の量が多く、その食べ物が原因の可能性が高まります。

クラス4～6
症状の出る子が8～9割くらい
症状の出る子がほとんど。1割くらいは慎重に食べれば大丈夫かもしれないが、基本的に除去したほうがよい。

クラス3
症状の出る子が5割くらい
半数は食べても症状が出ないが、半数は何らかの症状が出て、そのうち1割程度がアナフィラキシーを起こす。

クラス1～2
症状の出る子が2割くらい
疑わしい食べ物を食べても、症状の出る子は少なく、症状も軽いことが多い。

クラス0
除去が必要な可能性は少ない

食物除去試験

その食べ物を「食べないで」症状が出ないかを観察

疑わしい食べ物を1～2週間食べずに過ごし、湿疹や下痢などの症状がおさまるかどうかを観察します。母乳を与えている場合は、お母さんの食事から除去します。

症状が続いている

ほかの食べ物が原因だった、別の病気が原因だった、湿疹の炎症が強くて食物除去だけで炎症がおさまらなかった、など、理由はさまざま。

食物経口負荷試験

少しずつ「食べて」食物除去の方針を決める

除去試験の結果に応じて、必要なときは負荷試験を行います。疑わしい食べ物を少しずつ食べて、症状が出るかどうかを観察します。症状を起こす摂取量や症状の強さも確認する大切な検査であり、強い症状が出ることもあるので、必ず専門医のもとで実施されます。
※食物アレルギー研究会のホームページ（http://www.foodallergy.jp/）で、食物経口負荷試験を実施している病院を検索可能。

症状が出なかった

食べても症状が出ない場合は、その食べ物がアレルゲンではないという結果に。

確定!

食物除去のスタート

原因となる食べ物が確定し、除去をスタートさせます。定期的に医師の診察を受け、相談しながら「除去離乳食」を進めていきます。

食べられるようになっていないか病院で定期的に確認しましょう

早く解除されるように医師と相談

アレルギーの原因となる食べ物を特定できたら、いよいよ、除去食のスタートです。赤ちゃんであれば、定期検診を受けながら、年齢が上がるにつれて治るのを待つことになります。

ＩｇＥ抗体が高くて除去している食べ物でも、成長に従って、抗体価が下がって食べられるようになっている可能性があります。医師と相談しながら、必要なら再度、血液検査や食物経口負荷試験を受けるなどして確認を。

「食物除去」と聞くと、「アレルゲンを全く食べてはいけないの?」と思いがちですが、そうではありません。気をつけながら「食べられる量を決めて食べる」ことで、耐性がついて早く治すことができます。いつごろどの検査をして、食物除去の解除を目指すのか、主治医と相談して将来の計画と目標を立てましょう。

園・学校ともこまめに話し合いを

保育園・幼稚園や小学校に通うときには、給食の対応について相談や手続きをします。入園・入学相談会や入園・入学前の健康診断で、アレルギーがあることを申し出てください。多くの場合、診断書（生活管理指導表など）を提出します。保育園では、ある程度の段階的な個別対応をしてくれることもあります。

可能な範囲で、「食べてはいけないものがあること」「症状が出たときは助けを求めること」など、子ども自身が食物アレルギーを理解し、対処できるようになると安心です。親子でよく話し合うようにするといいですね。

解除（食べられるようになる）までの流れ

食物アレルギーの確定

食物除去をスタート

症状を起こさないために、「食物除去」をしながら見守ることが治療の基本になります。

↓

定期検診

必要なら再度、血液検査や食物経口負荷試験をすることも

定期的に病院で診察を受けます。離乳食の進め方や食事のアドバイスも受け、不安や疑問を解消しましょう。食べられるようになっていないか確認するために、再度血液検査を行ってから、負荷試験を行うこともあります。

↓

自宅での摂取開始

食べられる範囲で食べる

血液検査の結果、抗体の数値が下がっていれば、少しずつ食べられるかどうか相談しましょう。食物経口負荷試験で、食べられる量を確認することもあります。負荷試験が陰性の（症状が出なかった）場合、その最終量は自宅で食べられると考えます。陽性でも、安全に食べられる量が決められることもあります。

↓

定期検診

食べる量をふやしていく

定期検診で、安全に摂取できているかを確認します。摂取開始量で摂取しても症状が出ないなら、摂取頻度や摂取量をふやしていきます。卵アレルギーであれば卵白５ｇでコロッケ１個、卵白10ｇでドーナツ１個がOKに。

↓

解除！

目標量に達成！

量や頻度を気にせず食べられる

最終目標は、量や頻度を気にせず食べられること。卵1個、牛乳200mℓ、うどん200gが、当面の目標です。食べたあとで入浴や運動をしても症状が出ないことを確認できれば、解除の完了です。

びっくり！ 体験記

発症した、２組の親子を取材しました。

卵でアナフィラキシー！
唇や腕、足がパンパンに

沖 杏奈ちゃん（2才）
祐理ママ

両親ともに花粉症はあるけれど、食物アレルギーはなし。まさか娘がなるとは！

5カ月ちょうど ▶ **離乳食をスタート**

乳児湿疹はなく、体調もよかったです。母乳とミルク１回に加え、午前10時に離乳食タイムを設けました。

10倍がゆは、水分が多くて「重湯」に近い状態。じょうずにゴックン。

7カ月ごろ ▶ **少量の卵黄で体が赤くなる**

「もっと！」とねだるほど食欲旺盛。ところが、少量のかたゆで卵黄をひと口あげたところ、少ししてグズリがひどくなり、全身が赤く熱っぽくなりました。そのときは食物アレルギーとは思わず、「体調が悪いのかな？」と思いました。その後は落ち着いたので、病院へは行きませんでした。もしかしたら、ゆで卵の加熱時間が短かったのか、卵黄に卵白が少しまざっていたのかも……。

２回食に。卵アレルギーとわかってからは、卵不使用のパンやせんべいを与えるように。

8カ月ごろ ▶ **外食でアナフィラキシー！**

見た目は真っ白の豆腐に、刻んだ野菜がまざっているような料理でしたが、卵白が入っていたのかもしれません。少し食べると、唇がたらこのようにふくれて、腕や足もパンパンにはれてしまい、顔色も悪くなり、タクシーで救急病院へ行きました。後日、同じ病院で血液検査をしたところ、卵白が陽性でした。一瞬、「卵を一生除去しなきゃいけないの？　この子はクッキーも一生食べられないの？」とあわてたのですが、先生から「そうではない」と詳しい説明を受けて納得しました。

なすとひき肉のせごはん、とうもろこし、青菜のおひたし、大根とにんじん煮。

9カ月ごろ ▶ **卵黄を食べさせはじめる**

卵白にアレルギーがあったため、卵黄を少量からはじめて、１個まで食べられるようになりました。

1才過ぎ ▶ **再検査をして、卵白は陰性に**

かたゆで卵白を耳かき１杯くらい試してみたら、大丈夫。こわいので、それ以上はあげませんでした。再度、血液検査をしたところ卵白は陰性で、「もう大丈夫でしょう」と言われました。ティースプーンで１杯、２杯、と少しずつふやしていき、卵白１個まで食べられるように。加熱の弱いスクランブルエッグも試して、食べられました。

卵が解除に。今ではホットケーキやドーナツ、プリンなども大好き！

食物アレルギー

赤ちゃん時代に食物アレルギーを

宮川颯太くん（2才）
美穂ママ

父親はアレルギー体質ですが、息子が食物アレルギーになるとは思いませんでした。

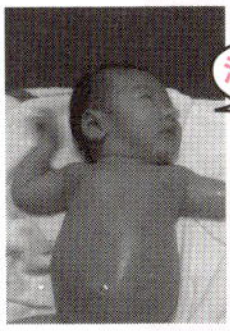

湿疹があったころ

顔だけでなく、おなかや手足にも広がる湿疹が。スキンケアで様子を見ました。

7カ月

バナナ、おかゆ、さつまいも、納豆、やわらかくゆでた野菜などをよく食べていました。

1才6カ月

歯ごたえのある野菜や肉も、あんかけ風にすると完食！　自分で食べたい意欲満々。

現在のメニュー例

枝豆と卵黄のサラダ、まぜ寿司、鶏肉と野菜のトマト煮込み。

ヨーグルトひと口で、すぐに顔にかゆみが出ました

新生児期 ▶ 乳児湿疹をくり返す

乳児湿疹が治らないので、小児科を受診。弱いステロイド薬とヒルドイドをもらいました。肌はきれいになっても、ステロイドをやめるとまた湿疹が出る、のくり返し。「乳児湿疹かアトピーか判断しにくい」と言われました。

6カ月ごろ ▶ 離乳食をスタート

おかゆ、野菜、豆腐などからはじめました。父親がアトピー、動物アレルギー、ぜんそく持ちですが、食物アレルギーはないので、息子が「食物アレルギーになるかも」という意識は全くなかったです。このころから、湿疹はほとんど出なくなりました。

7カ月ごろ ▶ ヨーグルトでかゆみが出る

ずっと完全母乳だったので、ヨーグルトははじめての乳製品でした。最初は様子を見て、ほんのひと口。すると、食べてすぐに目の上がかぶれたようになって、かゆがりました。「あれ？」と気づいて、食べさせるのをやめると、30分ほどでおさまりました。帰省していたので、１週間後に自宅に戻ってから、かかりつけの小児科を受診。

7カ月ごろ ▶ 検査結果は卵、牛乳などが陽性

血液検査の結果、卵白、牛乳、ごま、動物が陽性でした。うさぎを飼っていたので、手離すことにしました。大豆も数値は出ていましたが、豆腐を食べられていたので問題ないと言われ、卵、牛乳、ごまを除去。牛乳のかわりに、豆乳でシチューなどを作りました。

1才ごろ ▶ 負荷試験で乳製品はOKに

病院での経口負荷試験で少しずつ試して、今ではヨーグルトのパック１個を食べられるように。ただ、口のまわりにつくと赤くなってしまうので、気をつけています。

1才6カ月ごろ ▶ 負荷試験で卵黄にもトライ

卵黄から少しずつはじめ、½個まで食べられるように。

食物アレルギーの子の成長インタビュー

卵を食べられなくても大丈夫！楽しい食卓が心と体を育てます

料理研究家●ほりえさわこ先生　長女・萌江ちゃん（10才）

おおらかなお人柄で、子どもの好き嫌いも
「今日は食べなくても明日があるさ！」と笑う。
そんなさわこ先生が、
ショックを受けた出来事が娘・萌江ちゃんの
「卵アレルギー発覚」でした。
赤ちゃん時代から現在までの食事での対応や、
成長の様子についてお話を伺いました。

Profile

祖母・母とともに堀江家の料理研究家３代目としてテレビや雑誌、書籍で活躍中。萌江ちゃんと章太郎くんのお母さん。お母さんたちの気持ちに寄り添う、身近な食材でおいしく作れる料理にファンが多い。『フリージング離乳食』（主婦の友社）はロングセラーに。

まさか娘が！ 検査結果に大ショック

ほかの食物アレルギーを発症する多くの赤ちゃんと同じように、ほりえさわこ先生の娘・萌江ちゃんも、新生児期から湿疹が気になっていました。

「4カ月健診で耳の下が切れている、と指摘されました。皮膚科でもらった薬はぬっていたのですが、アレルギーに詳しい小児科へ行くようにアドバイスされました」

ご近所のママ友の情報から、アレルギー専門医を見つけて受診。すると、食物アレルギーが疑われるため、6カ月で血液検査をすることになりました。

「小児科の先生からは、赤ちゃんにもステロイド薬は使って問題ないから、肌をきれいな状態にしてあげなければいけない、と指導されました。検査前に離乳食をはじめたのですが、慎重にじゃがいものすりつぶしや、野菜スープ、野菜のペーストなどをあげていました」

6カ月の血液検査では、卵白がクラス3の陽性。

「かなりのショックでしたね。食べるものや栄養には気をつかってきたのに、どうして！と思ってしまって。私も花粉症はあるけれど、花粉症はみんななっているし、アレルギー体質という感覚がなかったんですよね。先生には、『両親ともに花粉症ならサラブレッドですよ』といわれました。あ〜、この先どうしよう、卵が使えない料理研究家っているのかな、と思ったりして……」

それ以来、卵もマヨネーズも、卵の加工品もお菓子も、決して食べさせないように注意しました。

「赤ちゃんのころは、特に気をつけていました。卵の表示をチェックするのが趣味でしたね（笑）。1才3カ月で卒乳するまで、私自身も〝卵断ち〟しました」

血液検査は半年に1回。ハウスダストなどの数値も上がる

クラス3の卵白は、その後の検査でクラス4に。ハウスダストやダニの数値も高くなり、ダニやホコリを防ぐ布団カバーも購入。それでも2〜3才のころに小児ぜんそくになりましたが、幼稚園までの40分の道のりを歩くうちに体力がつき、ぜんそくはおさまりました。

卵以外は、食べることに意欲満々！

離乳食の開始から、食欲旺盛だった萌江ちゃん。さわこ先生は、楽しい食卓の演出を心がけてきました。

「除去していた卵以外は、本当によく食べてくれました。離乳食時代は、『食べるって楽しい！』という体験をたくさんさせてあげることが大切だと思っていたので、『一生懸命作ったから食べて』とコワイ顔をするのではなくて、『おいしいよ！』と自分も笑顔で食べるようにしましたね。食べてくれないことがあっても、それは『嫌い』なんじゃなくて、今は『苦手』なだけ。成長とともに好みは変わっていくから、食べてほしいものは食卓に出し続ける。〝ネバー・ギブ・アップ〟です」

ほりえ家では、自然に身についている食のルールがあります。それは「『いただきます』と『ごちそうさま』をいう」「食事の前に間食をしない」「食卓にあるものは、苦手でもひと口はトライする」こと。これは厳守です。

「赤ちゃん時代の萌江は、おなかがすくと腹ペコ怪獣になって、大暴れ。おなかがすいて不機嫌になることだけ

親子で食べられる野菜スープは離乳食の定番

いろいろな野菜をたっぷり入れた「ミネストローネスープ」は離乳食におすすめ。味つけ前なら、赤ちゃんにとりわけられます。大人の野菜不足も解消できますね！

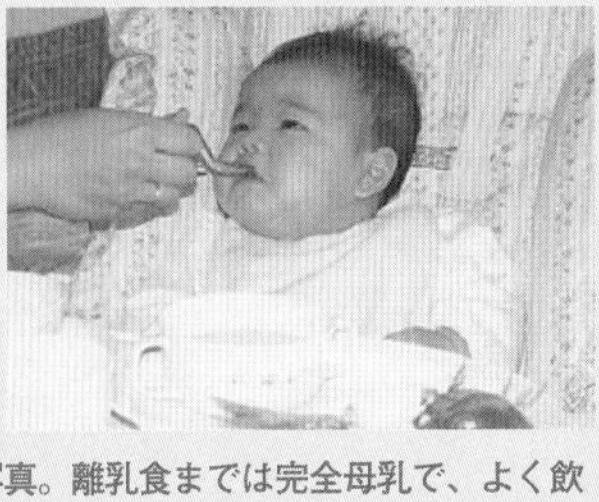

お食い初めの写真。離乳食までは完全母乳で、よく飲んで体重も順調にふえていました。

がこわかった（笑）。だから食事の前に間をもたせたいときは、干しいもか、皮をむいたパプリカを持たせてしゃぶらせたこともありました」

トマト嫌いも家庭菜園で克服できた

食事の時間が待ちきれないほど、何でもよく食べる萌江ちゃんでしたが、2才ごろ突然、口に入れただけで身

家庭菜園で育てた野菜は「いとおしい」

プランターではじめたミニトマトの栽培は、畳2畳分の家庭菜園に発展。小松菜、ブロッコリー、パセリ、さやえんどう、ゴーヤなどさまざまな野菜を育てている。

ぶるいするようになった食べ物が。

「それは、トマトです。どうしたら食べるようになるだろう、と考えて、父が夏にプランターでミニトマトの栽培をはじめたんです。いっしょに育っていくトマトの世話をして、赤くなるのを待って収穫したら、それが功を奏してトマト嫌いを克服！　自分で一生懸命育てた野菜なら、残さず大事にいただこうという気持ちがわいてくるんですね。みんなでミニトマトの小さな1つぶを分け合って、盛り上がったこともありました」

今では、小学校から帰ってくると、子どもたちが自分から料理作りに参加するのが毎日の光景です。

「赤ちゃんのときは、丸ごとのピーマンやかぼちゃをさわったり、ボウルや泡立て器などの調理道具で〝ごっこ遊び〟するのが、おもしろくて興味津々でした。お手伝いは、子どもたちが『やりたい！』といい出したときがチャンス。娘も息子（章太郎くん・8才）も、2〜3才のころには包丁を握っていました。親はちょっと大変なときもありますが、辛抱強くつきあってあげると、小学生になるころには戦力になりますよ」

「かわいそう」と思ったことはない

卵アレルギーがあっても、食べることも、料理を作ることも、大好きな女の子に成長した萌江ちゃん。卵を除去することに慣れてしまえば、ほかの食品で栄養はとれるし、不自由することはなかったと話すさわこ先生。

「卵が食べられないから『かわいそう』とは思わなかったですね。娘もつらい思いはしたくないから、『食べたい』とはいいません。『ケーキが食べられないなら、和菓子を食べれば?』というスタンスで、ほかにおいしいものがありますし。気をつけるのは、ママ友や親せきにもらうお菓子ですが、それも『もらったものは勝手に食べないルール』にしていて、問題ありませんでした。ただ、卵、牛乳、小麦など、複数の食品にアレルギーがあるお子さんは、もっともっと大変でしょうね。娘は卵だけだったから、除去も簡単だったんだと思います」

萌江ちゃんの場合は、離乳食をはじめる前に卵アレルギーとわかって除去したので、症状が出ることはありませんでした。びっくりしたのは、「誤食」の2回だけ。

3世代が集まる食卓は、いつもにぎやか!

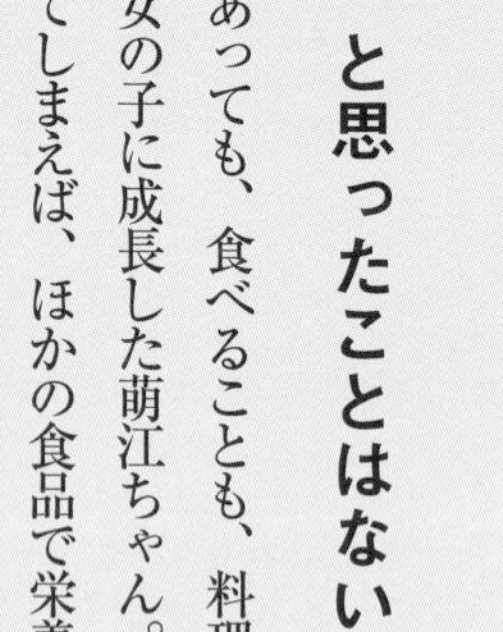

本日は餃子を制作中〜!お手伝い歴の長い萌江ちゃんは、餃子を包むのもお手のもの。

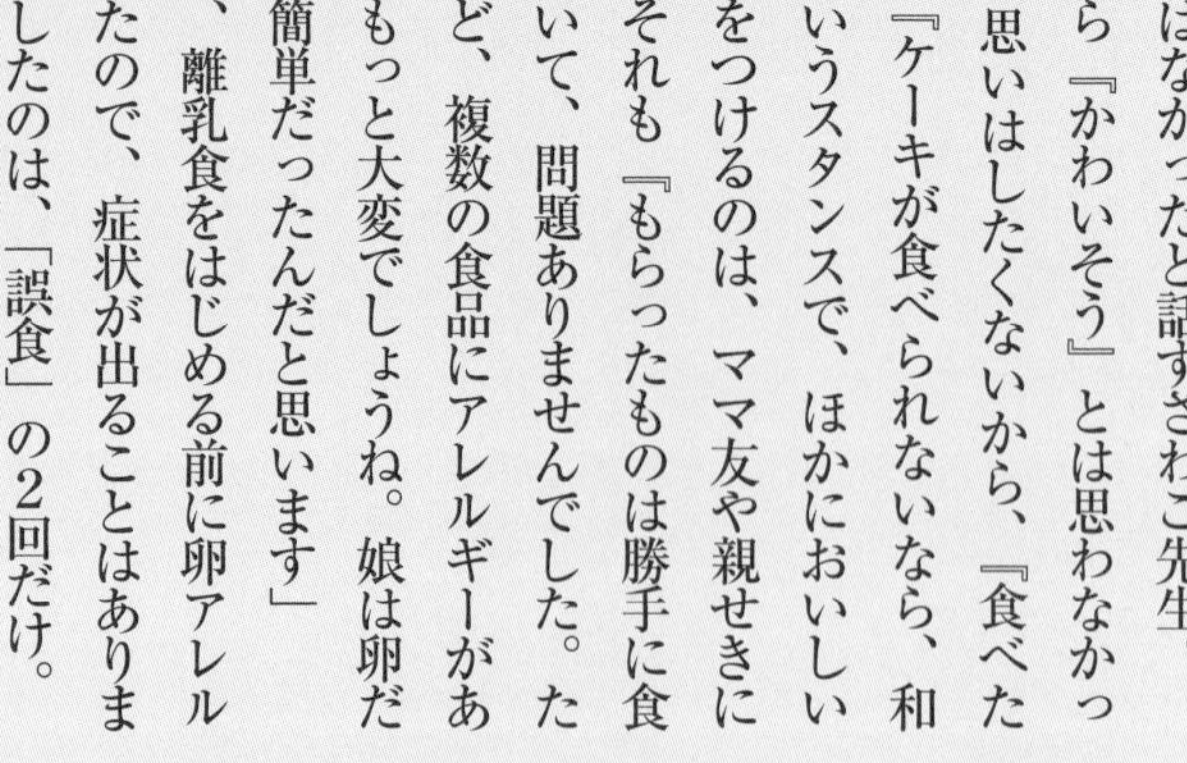

左から、さわこ先生のお父さま、お母さま(料理研究家・堀江ひろ子先生)、章太郎くん、さわこ先生、萌江ちゃん、さわこ先生の義妹の順子さん、めいの蓮果ちゃん。

「1回目は、3才のとき。わが家は年末に、だて巻きや卵焼きなど、大量のおせち料理を作るんですね。そのとき、生卵を扱ったテーブルをよくふいていなかったのか、娘がテーブルをさわった手で目をさわったら、白目の粘膜がぷよぷよととけるように出てきてしまって。そのときは、大あわてで救急病院へ駆け込みました。2回目は6才のとき、弟の結婚式で。デザートの桃のスープに卵白が入っていたのか、全部吐き出してしまいました」

**卵白は 0.1g を量る
デジタルスケールを購入**

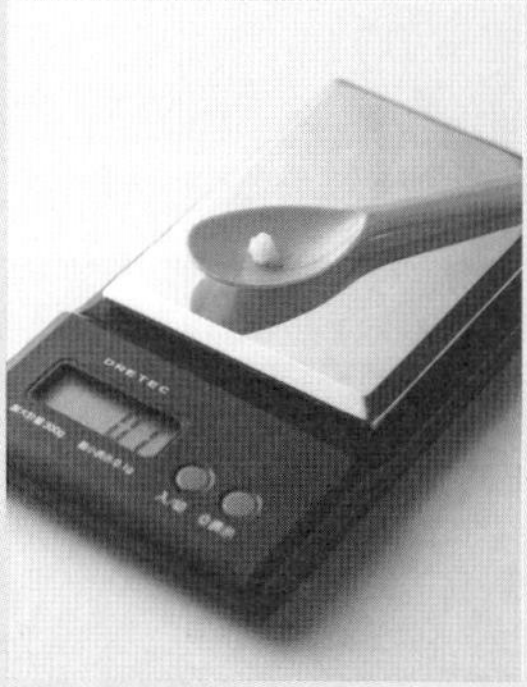

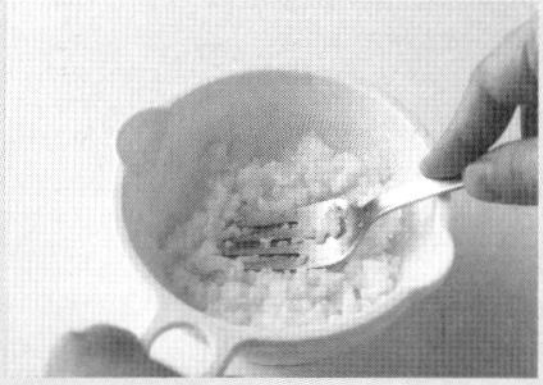

20分ゆでたゆで卵の卵白を、フォークでよくすりつぶし、0.1gを計量。余った分はフリーザーバッグに平らに入れて冷凍していました。0.1gで1週間→0.2gで1週間→0.3gで1週間と、少しずつ食べる量をふやしました。

0.1gからはじめて、卵1個までOKに

萌江ちゃんが小さかった当時は、「アレルゲンは完全除去」と指導されるのが一般的でした。さわこ先生も、「食べられる量を食べて、早く耐性を獲得する」という発想はなかったため、完全除去を続けてきました。

「小学校3年生まで、卵黄も卵白も一切食べさせなかったんです。そろそろ食べてみようか、と思ったきっかけは、ちょうど給食室が建て替えることになり、これから先は給食センターで調理をするので代替食が作れない、といわれたことでした。それなら、経口負荷試験をして治してみよう、と思いました」

かたゆで卵白0.1gからはじめた負荷試験は、約1年かけて、卵白1個分まで食べられるように。

「今では、1日1回は、卵を使った料理を食べています。目玉焼きはいいけど、卵焼きはいや、など、毎日いろいろいいますが（笑）。最近では、オムライスも好きになりましたね。これからは、プリンや茶わん蒸しなど、加熱温度の低いものも、少しずつ試そうと思っています」

さわこ先生から伊藤先生に質問！

卵アレルギー Q&A

かたゆで卵が１個まで食べられるようになった萌江ちゃん。
さわこ先生が、今、気になることを伊藤先生に聞きました。

Q

負荷試験で20分ゆでた卵白は独特のにおいがするのですが、揚げ物やスポンジケーキではダメ？

A

使用量のコントロールがむずかしいのが難点

フライの衣は油と接するため温度は180度になりますし、スポンジケーキも180度で30分ほど焼くので、卵のアレルゲン性はかなり落ちます。解除を進めるときには、これらから順に進めていくことができます。

ただ、食物経口負荷試験で微量から進めていくときには、揚げ物やケーキでは、卵の使用量のコントロールがむずかしいですね。「20分かたゆで卵」は、誰に指導するにも簡単で、正確に計量できるため、採用しています。

Q

生卵にふれた手で目をさわったら白目がとけるようでこわかった！娘の症状は重いほうなのでしょうか？

A

「生卵」の場合は特殊です。重症なわけではありません

卵白がクラス３で、生卵が目の粘膜に接触したとしたら、ほぼ100％その症状は起きます。だからといって、食べたらアナフィラキシーが起きるとは限りません。ゆで卵１個を平気で食べられる子でも、同じことは起きます。それは、「生卵に接触した」という特殊な事情によるもの。卵は加熱することで、圧倒的にアレルゲン性が落ちるんです。目の結膜がはれるのはお母さんが特にこわがる症状ですが、重症ということではありません。

Q

卵は毎日食べずに間をあけるとまた食べられなくなることはあるのでしょうか？

A

全卵1個食べられるならその心配はありません

重症度にもよります。解除するときは、卵を食べ続けることによって耐性をつけていくので、0.5gをギリギリ食べられるような重症な子であれば、間をあけることには覚悟がいります。ただ、全卵1個を食べられるのであれば、「食べられなくなる」心配はもうないと思います。

むしろ、全卵1個を食べられるのに、フライの衣に卵を使っていない、クッキーをふつうに食べていない、ということのほうが問題。卵の含まれているものを当たり前に食べるようになっていれば、「毎日意識して卵を食べる」必要はなくなりますね。

Q

かたゆで卵が食べられたあとプリンや茶わん蒸しはどうやって進めるのですか？

A

少しずつ、症状が出るかどうか気をつけて食べればOK

かたゆで卵をしっかり食べることができても、スクランブルエッグや卵スープ、親子丼などはちょっと生でやわらかい部分が残りますね。茶わん蒸しやプリンも、直火ではないので加熱温度が下がります。

また0.1gずつ食べる、というような厳密な進め方でなくてよいので、「どこまで食べたら症状が出るかな？」と気をつけながらトライすればいいですよ。

不安なお母さんには、ゆで卵の加熱時間を20分→19分→18分と落としていくという方法を指導しています。この方法なら、確実に半熟まで進められますね。

Staff

表紙撮影	佐山裕子（主婦の友社写真課）
表紙スタイリング	坂上嘉代
表紙調理	上田淳子
表紙イラスト	根岸美帆
デザイン	太田玄絵
離乳食料理制作	ほりえさわこ、上田淳子 スズキエミ、落合貴子
撮影	黒澤俊宏、佐山裕子（本誌写真課）
本文イラスト	安藤尚美
企画・構成・文	水口麻子
編集担当	山口香織（主婦の友社）

本書は一部、雑誌『Baby-mo』とムック『離乳食Baby-mo』の情報を加えて構成しました。ご協力いただいた先生方、モデルになってくれた子どもたちとご家族みなさまに心よりお礼申し上げます。

食物《しょくもつ》アレルギーをこわがらない！
はじめての離乳食《りにゅうしょく》

編　者　主婦の友社
発行者　矢崎謙三
発行所　株式会社主婦の友社
〒101-8911
東京都千代田区神田駿河台2-9
電話　03-5280-7537（編集）
03-5280-7551（販売）
印刷所　大日本印刷株式会社

ISBN978-4-07-403270-9

■本書の内容に関するお問い合わせ、また、印刷・製本など製造上の不良がございましたら、主婦の友社（電話03-5280-7537）にご連絡ください。
■主婦の友社が発行する書籍・ムックのご注文は、お近くの書店か主婦の友社コールセンター（電話0120-916-892）まで。
＊お問い合わせ受付時間　月～金（祝日を除く）　9:30～17:30
主婦の友社ホームページ　http://www.shufunotomo.co.jp/

つ-082004

アレルギー監修：
伊藤浩明
あいち小児保健医療総合センター
副センター長

名古屋大学医学部卒業後、同大学院、テキサス大学留学などをへて、現職。「食べることは子どもたちの基本的な権利」という信念のもと治療、診断を行う。患者との信頼関係が不可欠な経口負荷試験実施数は、同センターアレルギー科で年間８００件以上と国内トップクラス。日本アレルギー学会指導医、日本小児科学会専門医、NPOアレルギーネットワーク副理事長も務める。『アレルギーっ子のごはんとおやつ』（主婦の友社）監修。

離乳食監修：
上田玲子
帝京科学大学教育人間科学部
幼児保育学科教授

栄養学博士・管理栄養士。小児栄養学の第一人者として活躍するかたわら、トランスコウプ総合研究所取締役として栄養コーチングの手法を開発。日本栄養改善学会評議員や日本小児栄養研究会運営委員なども務める。『はじめてママ＆パパの離乳食』『いちばんよくわかる離乳食』『離乳食大全科』（主婦の友社）など監修書多数。